中国旅行社业的增长与结构

庞世明◎著

北京·旅游教育出版社

责任编辑：郭珍宏

图书在版编目（CIP）数据

中国旅行社业的增长与结构 / 庞世明著. -- 北京：旅游教育出版社，2019.6
ISBN 978-7-5637-3969-1

Ⅰ.①中… Ⅱ.①庞… Ⅲ.①旅行社－经济增长－研究－中国②旅行社－经济结构－研究－中国 Ⅳ.①F592.3

中国版本图书馆CIP数据核字(2019)第117481号

中国旅行社业的增长与结构

庞世明　著

出版单位	旅游教育出版社
地　　址	北京市朝阳区定福庄南里1号
邮　　编	100024
发行电话	（010）65778403　65728372　65767462（传真）
本社网址	www.tepcb.com
E-mail	tepfx@163.com
排版单位	北京旅教文化传播有限公司
印刷单位	北京虎彩文化传播有限公司
经销单位	新华书店
开　　本	787毫米×1092毫米　1/16
印　　张	9.625
字　　数	150千字
版　　次	2019年6月第1版
印　　次	2019年6月第1次印刷
定　　价	35.00元

（图书如有装订差错请与发行部联系）

前言

中国改革开放四十年来,取得了举世瞩目的伟大成就。伴随着改革开放的进程,中国旅行社业也经历了快速的发展。本书基于新结构经济学的分析思路,以"要素禀赋—增长贡献—结构特征—升级路径"为分析链条,聚焦中国旅行社业的增长和结构问题,核心内容和主要结论如下:

第一,本书在对中国旅行社业的管理制度、规模变化和业务特征进行简要回顾之后,重点研究了中国旅行社业增长的要素贡献问题。研究结果为:中国旅行社业的整体增长主要是由要素驱动的,全要素生产率无论是增长率和贡献率都非常低。从空间分异看,要素禀赋是决定旅行社业驱动力的最主要因素,在资本丰裕型的东部地区,资本是旅行社业增长的主要驱动力,而在劳动力比较丰裕的中部和西部地区,劳动力是旅行社业增长的主要驱动力。这说明了中国旅行社业的增长是内生于要素禀赋结构的。

第二,本书探讨了中国旅行社业的结构与效率问题。研究发现:从产权结构角度看,国有及控股旅行社的平均规模和劳动生产率均高于民营旅行社,依然是中国旅行社业不可忽视和不可或缺的重要力量。从产业组织结构角度看,中国旅行社业的"小散弱差"是因为很长一段时间内以劳动力丰裕型为特征的禀赋结构决定了旅行社的劳动密集型产业特征。随着中国经济的增长、资本的积累和技术的进步,如今的中国旅行社业,产业规模不断扩大、企业实力逐渐增强,(在某些区域内的)规模经济开始显现,产业集中度不断提高。从空间结构角度分析,随着地区旅行社业增长资本的贡献率提升,存在一定的规模经济和报酬递增,产业集聚效应才会不断显现出来,而产业集聚的加强通过减少交易费用,增强正外部性的方式提高了中国旅行社业的劳动生产率。

第三,中国旅行社业的产业升级表现为明显的大国"雁阵模式",即随着要素禀赋结构的转变,东部地区旅行社作为"头雁",业务类型逐渐转向高附加值的出境旅游批发和零售业务，中部和西部地区逐步"承接"入境旅游业务和国内旅游业务，特别是国内旅游的批发和零售业务逐步向中西部"迁移"。东部地区在寻找符合其要素禀赋结构特征的业务类型、进行产业升级的过程中存在一段时间的调整期，经历了原有业务的停滞和新业务的培育阶段。

第四，本书通过案例分析讨论了互联网对中国旅行社业特别是在线旅行社（OTA）的影响。研究发现，借助互联网，传统旅游代理商、旅游零售商和旅游批发商分别可以发展成为在线旅游代理商、在线旅游零售商和旅游O2O。互联网技术带来了旅行社业的技术进步，促进了产业集中度的提高，完善了产业分工，推动了产业升级。比较而言，互联网对产业链下游的旅游代理商增长的促进作用最大，而对中上游旅游批发商的影响作用最小。

总之，本书基于新结构经济学的理论模型，构建了中国旅行社业增长和结构问题的分析框架，希望该框架能够为朋友们研究不同的产业提供范式思考。

作者

2019年5月

目 录

第一章 导 论 1
 第一节 研究背景 1
 第二节 关于旅行社业研究的文献评述 2
 第三节 研究的内容与框架 16
 第四节 研究方法 18
 第五节 创新之处 19
 第六节 研究意义 19

第二章 研究的理论基础 21
 第一节 经济增长理论 21
 第二节 产业组织理论 23
 第三节 经济发展理论与新结构经济学 27

第三章 中国旅行社业的发展历程回顾 34
 第一节 第一阶段（1979—1984 年） 34
 第二节 第二阶段（1985—1996 年） 35
 第三节 第三阶段（1997—2009 年） 39
 第四节 第四阶段（2010 年至今） 45
 第五节 中国旅行社业发展的显著特征 49

第四章 中国旅行社业增长的要素贡献分析 53
 第一节 研究方法与数据说明 54
 第二节 经验分析 57
 第三节 小结 65

第五章 中国旅行社业的产权结构和效率 67
 第一节 中国旅行社业的产权结构和效率分析 67

第二节 对"中国旅行社业效率之谜"的解释 ······················· 72
  第三节 小结 ··· 78

第六章 中国旅行社业的产业组织结构 ····························· 80
  第一节 中国旅行社业产业组织结构的新结构经济学分析 ······ 80
  第二节 北京旅行社的集中度和经营绩效的实证分析 ············ 82
  第三节 当今中国旅行社业的产业组织结构与绩效 ··············· 85
  第四节 小结 ··· 87

第七章 中国旅行社业的空间结构与产业集聚 ·················· 88
  第一节 中国旅行社业的空间分异 ······································· 89
  第二节 中国旅行社业产业集聚的测算 ································ 98
  第三节 中国旅行社业产业集聚的新结构经济学解释 ············ 99
  第四节 小结 ·· 102

第八章 中国旅行社业的产业分工与产业升级 ················ 103
  第一节 中国旅行社业产业分工的经验分析 ······················· 104
  第二节 中国旅行社业产业升级的经验分析 ······················· 106
  第三节 中国旅行社业升级的"雁阵模式" ························· 111
  第四节 小结 ·· 112

第九章 互联网对中国旅行社业的影响分析 ···················· 113
  第一节 主要案例 ·· 113
  第二节 "互联网+旅行社"的主要商业模式 ······················ 124
  第三节 "互联网+"背景下的旅行社业的增长与结构 ········· 125

第十章 结 论 ··· 128
  第一节 主要结论 ·· 128
  第二节 政策建议 ·· 130
  第三节 不足及展望 ··· 132

附 录 ··· 134

参考文献 ··· 136

第一章 导论

第一节 研究背景

中国的改革开放取得了举世瞩目的伟大成就,四十年来经济增长冠绝全球。如今,中国已经成为世界第二大经济体和世界第一大工业国。伴随着经济的增长,中国的旅游市场一片欣欣向荣的景象,2017年,国内旅游人数50亿人次,国内旅游收入4.57万亿元,分别比2010年翻了一番和两番;中国公民出境旅游人数1.3亿人次,为2010年的2.3倍;入境旅游人数1.4亿人次,比2010年增长572万人次。根据原国家旅游局的初步测算,2017年全国旅游业对GDP的综合贡献为9.13万亿元,占GDP总量的11.04%。旅游直接就业2825万人,旅游直接和间接就业7990万人,占全国就业总人口的10.28%[①]。

作为旅游业的龙头产业,旅行社业的发展同样不容小觑。2016年全国旅行社资产总额和营业收入分别达到了1277.89亿元和4643.1亿元,和2010年相比均翻了一番。其实,在2015年,中国旅行社业的行业规模(营业收入)就超过了日本,达到德国的2.2倍。中国旅行社业作为一个产业,从无到有,从弱到强,经历的时间并不到40年,对此,本书首先感兴趣的问题是,中国旅行社业的增长是如何发生的,增长的核心驱动力是什么?

其次,一个产业在增长的过程中,产业组织结构、产权结构以及空间结构有哪些

---

① 数据来源:http://www.cnta.gov.cn/zwgk/lysj/201802/t20180206_855832.shtml.

特点、如何变化,这本身就是有趣的理论话题。旅行社业作为重要的现代服务业,增长和结构变化有哪些一般规律,也值得深入探讨和研究。

在旅行社业的发展过程中,还有其自身特有的问题,比如旅行社的"分工体系"问题、整体产业的"小散弱差"问题以及组团社和接待社之间的"零负团费"问题。可以说,这些问题一直"陪伴着"中国旅行社业的发展,也应该在旅行社业的增长与结构的整体框架下进行讨论。

此外,近年来,旅行社业出现了一些新的发展趋势,同样值得深入探讨。随着信息通信技术和互联网的兴起,传统旅行社业感受到了冲击,"携程""去哪儿""途牛""飞猪"等在线旅行社(OTA)迅速崛起,抢占市场份额。而出境旅游消费需求的迅猛增长使得以此为主业的旅行社发展壮大,出境旅游批发商"北京众信国际旅行社股份有限公司"(后称"众信旅游")和出境旅游零售商"海航凯撒旅游集团股份有限公司"(后称"凯撒旅游")相继登陆 A 股市场。

总之,本书的研究试图构建一个关于旅行社业一般性理论框架,在这个框架下,可以解释旅行社业的增长是如果发生的、结构是如何变化的,并在这个框架下讨论中国旅行社业在发展过程中遇到的老问题和新问题。

第二节　关于旅行社业研究的文献评述

一、国外旅行社业研究综述

近年来,国外学者对旅行社业的研究主要集中在感知、满意度和忠诚度、旅行社的治理及商业模式、旅行社产业链上的竞争与合作、旅行社的效率以及其他一些问题。

在感知、满意度和忠诚度相关研究方面,研究者将目光从传统旅行社转向在线旅行社(OTA),大多使用结构方程模型展开研究。Andreu et al.(2010)运用结构方程模型,对西班牙的 101 家旅行社展开研究,结果显示来自消费者的压力强烈影响了旅行社的互联网沟通行为;旅行社通过互联网采购会降低顾客的忠诚度,而旅行社通过互联网沟通则会提升忠诚度[①]。Roger et al.(2015)指出在线旅行社的服务质量、服务价值和顾客忠

---

① Andreu L, Aldás J, Bigné J E, et al. An analysis of e-business adoption and its impact on relational quality in travel agency–supplier relationships[J]. Tourism Management, 2010,31(6):777-787.

诚度之间存在因果关系^①。Chen et al.（2013）构建了结构方程模型，结果表明，信息不对称导致较低的服务质量，声誉和价格敏感度的关系十分重要^②。Hao et al.（2015）对在线旅行社（OTA）的细分市场满意度展开研究，结果表明，不同的细分市场有不同的评估标准，不同的消费者根据一些特定的标准来评判 OTA 的网站^③。Silva and Gon（2016）探讨旅行社如何通过线上和线下的购物体验实现较高的顾客忠诚度^④。

在旅行社的治理和商业模式选择上，很明显，在线旅行社的快速发展和传统旅行社的应对之道引起了学术界的关注。Kim et al.（2007）研究发现，对于在 OTA 购买旅游产品的消费者，最关注的是价格，其次是安全^⑤。Chiou et al.（2011）提出了在线旅行社的评估方法——通过产品、促销、价格、位置和客户关系加以评估^⑥。Alegre and Sard（2015）对巴利阿里群岛的包价旅游产品进行分析，认为旅行社应该用非价格策略来提高收益^⑦。Quintana et al.（2016）在文中探讨了传统旅行社如何提高竞争力并得以生存^⑧。Rusu（2016）强调了商业模式创新对小旅行社的重要作用，以盐湖城的旅行社为例指出了产品创新、过程创新、市场创新和组织创新等如何影响其商业模式^⑨。Namitha and Shijin（2016）从公司治理的角度强调了经理自主权的重要作用^⑩。Al-Najjar（2017）利用面板数据分析，研究结果表明，董事会规模、董事会独立性和首席执行官的年龄是影响 CEO 薪酬的重要因素^⑪。

---

① Roger-Monzó V, Martí-Sánchez M, Guijarro-García M. Using online consumer loyalty to gain competitive advantage in travel agencies [J]. Journal of Business Research, 2015,68(7):1638-1640.

② Chen Y, Mak B, Li Z. Quality deterioration in package tours: The interplay of asymmetric information and reputation [J]. Tourism Management, 2013,38:43-54.

③ Hao J, Yu Y, Law R, et al. A genetic algorithm-based learning approach to understand customer satisfaction with OTA websites [J]. Tourism Management, 2015,48:231-241.

④ Silva G A M, Gon Alves H M. Causal recipes for customer loyalty to travel agencies: Differences between online and offline customers [J]. Journal of Business Research, 2016,69(11):5512-5518.

⑤ Kim D J, Kim W G, Han J S. A perceptual mapping of online travel agencies and preference attributes [J]. Tourism Management, 2007,28(2):591-603.

⑥ Chiou W, Lin C, Perng C. A strategic website evaluation of online travel agencies [J]. Tourism Management, 2011,32(6):1463-1473.

⑦ Alegre J, Sard M. When demand drops and prices rise. Tourist packages in the Balearic Islands during the economic crisis [J]. Tourism Management, 2015,46:375-385.

⑧ Quintana T A, Gil S M, Peral P P. How could traditional travel agencies improve their competitiveness and survive? A qualitative study in Spain [J]. Tourism Management Perspectives, 2016,20:98-108.

⑨ Rusu B. The Impact of innovations on the business model: exploratory analysis of a small travel agency [J]. Procedia – Social and Behavioral Sciences, 2016,221:166-175.

⑩ Namitha C, Shijin S. Managerial discretion and agency cost in Indian market [J]. Advances in Accounting Incorporating Advances in International Accounting, 2016.

⑪ Al-Najjar B. Corporate governance and CEO pay: Evidence from UK Travel and Leisure listed firms [J]. Tourism Management, 2017,60:9-14.

在旅行社产业链研究方面,研究成果主要体现在旅行社和上下游关系方面。Huang et al.(2009)的研究表明,旅游批发商出售旅游产品,第一选择依然是零售商(23%),第二选择则是在线旅游网站(20%)①。Romero and Tejada(2011)从产业链的角度,对旅行社业和饭店业展开研究,从宏观层面上,以西班牙为例对投入—产出进行了分析,从微观层面上,以澳大利亚为例从全球价值链的角度进行了分析,在此基础上,将两种方法联系,探索出了旅游产业链的一些特征②。Topol et al.(2014)认为旅行社的一体化水平是反映旅行社绩效的重要指标,研究表明,旅行社通常与公交运营商合作,实现一体化的最高水平,其次才是航空公司③。Guo et al.(2014)运用博弈模型,深入探讨了在线旅行社(OTA)和酒店的竞争合作关系,分析了如何定价才能保证这种合作关系可以持续,并提出了OTA可以获得利润最大化均衡条件④。Ling et al.(2015)对酒店与在线旅行社的竞争合作关系展开研究,认为酒店可以更多利用自有渠道来销售其产品,从而避开支付给在线旅行社的高额佣金⑤。Berné et al.(2015)研究了ICT对旅行社分销渠道的影响,文章运用结构方程模型,结论是旅游中间商应该加强和供应商的联系⑥。Chao et al.(2015)研究了航空公司和旅行社的相关关系,通过对台湾A级旅行社回收的169份有效问卷,运用结构方程模型,确定关系利益(relational benefits)和关系销售(relationship selling)可以影响旅行社的收益⑦。Yeh et al.(2016)研究了旅行社和航空公司的协作如何影响绩效,研究结果表明,航空公司更高的交付质量(delivery quality)显著提升旅行社的效率⑧。此外,还有对旅行社战略联盟的研究(Chand & Katou,2012;Kennelly & Toohey,2014)。

---

① Huang L, Chen K, Wu Y. What kind of marketing distribution mix can maximize revenues: The wholesaler travel agencies' perspective?[J]. Tourism Management, 2009,30(5):733-739.

② Romero I, Tejada P. A multi-level approach to the study of production chains in the tourism sector[J]. Tourism Management, 2011: 32(2): 297-306.

③ Topol Ek D, Mrnjavac E, Kova I N A. Integration of travel agencies with transport providers[J]. Tourism Management Perspectives, 2014,9:14-23.

④ Guo X, Zheng X, Ling L, et al. Online coopetition between hotels and online travel agencies: From the perspective of cash back after stay[J]. Tourism Management Perspectives, 2014,12:104-112.

⑤ Ling L, Dong Y, Guo X, et al. Availability management of hotel rooms under cooperation with online travel agencies[J]. International Journal of Hospitality Management, 2015,50:145-152.

⑥ Berné C, García-González M, García-Uceda M E, et al. The effect of ICT on relationship enhancement and performance in tourism channels[J]. Tourism Management, 2015,48:188-198.

⑦ Chao C, Chen H, Yeh T. A comprehensive relationship marketing model between airlines and travel agencies: The case of Taiwan[J]. Journal of Air Transport Management, 2015,47:20-31.

⑧ Yeh C C, Ku E C S, Ho C H. Collaborating pivotal suppliers: Complementarities, flexibility, and standard communication between airline companies and travel agencies[J]. Journal of Air Transport Management, 2016,55:92-101.

关于旅行社效率的文章，近年的研究并不多，最常用的方法是基于非参数法的数据包络分析模型（DEA）（Assaf et al，2011；Fuentes，2011）。此外，还有旅行社的其他的一些问题引起了学者们的关注，比如商务旅游（Gustafson，2012；Holma et al，2015），观鸟旅游（Chen et al，2015），残疾人旅游（Lyu，2017），特种旅游（Jin & Sparks，2017），以及法律问题（Kuzakhmetova，et al，2016），等等。

二、国内旅行社业研究综述

国外旅行社业近年来增长较为缓慢，产业组织结构也基本保持稳定，因此，国外旅行社业的研究已经从产业层面转向微观管理层面，主要集中在需求端消费者满意度的研究和供给端商业模式的研究。受国外研究的影响，这些方面的研究也逐渐增多。在服务质量、感知和满意度的研究上，国内学者的研究集中在旅行社服务及产品质量的评价，旅行社顾客的满意度，研究方法均采用问卷调查和结构方程模型（代伟学，2015；郭丹，2008；刘静，2012；刘品希，2013；卢丽宁，2005；路文静，何佳梅，2006；孟祥生，2011；潘喆，2015；魏婧，2006；许丽君，2008；翟向坤，2006）。在旅行社商业模式的研究上，国内学者的研究重心逐步从跨国经营、营销转向互联网时代的商业模式和对上市公司的分析中（马妍竹，2015；庞世明，王静，2016；徐晓娜，翁钢民，2006；尹兰，2009；于宏伟，2013；张慧，2012；朱冠梅，2008；朱易兰，2006）。

与此同时，由于中国旅行社业发展的特殊性，从增长问题到结构问题，研究者给予持续的关注，接下来分不同专题进行综述。

（一）旅行社的增长问题

1.旅游业的增长与要素贡献

首先考虑中国旅游业整体增长的驱动力问题。左冰和保继刚（2008）认为中国旅游业属于典型的劳动要素驱动型增长方式，劳动力要素投入对中国旅游经济增长的贡献为63.69%，而且，尽管技术进步的增长率较低（年均增长2.91%），但对旅游业经济增长的贡献率达到了24.5%[①]。但是，在随后的研究中，多数学者认为资本是中国旅游业增长的最主要驱动因素，技术进步对旅游业增长贡献甚微（黄秀娟，2009；吴玉鸣，2014；左冰，2011）。

---

① 左冰，保继刚.1992—2005年中国旅游业全要素生产率及省际差异［J］.地理学报，2008（04）：417-427.

研究的差异体现在变量的选取和模型的选择上。在左冰和保继刚（2008）的文章中，作者选择了柯布-道格拉斯生产函数进行了估计，因变量为所有旅游企业的营业收入之和，自变量分别为资本和劳动，其中，劳动要素以年末从业人员数表示，资本则按照永续盘存法推算的资本存量带入模型。可见，左冰和保继刚的模型是最为"标准"生产函数模型，在此之后，其他文献选择的模型都有所调整。黄秀娟（2009）假定技术进步随时间变化，于是在C-D函数的基础上加入了时间变量，并用固定资产原值表示资本要素的投入①。左冰（2011）则根据条件收敛假设，因变量选择"旅游收入占当地GDP比重"，自变量除了资本和劳动②外，模型中加入了人均GDP、旅游资源、技术进步、人力资本、制度因素、可进入性、价格水平以及环境质量一系列控制变量③。吴玉鸣（2014）假定区域间的旅游经济增长存在空间相关性，在C-D函数的基础上构造了空间面板计量模型，变量的选择和左冰、保继刚（2008）的文章相近，区别在于，虽然都按5%的折旧率运用永续盘存法计算资本存量，但吴玉鸣（2014）的文章采用科利（Kohli, U R, 2001）的方法来计算基期（2001年）的资本存量④。

2. 旅行社业的增长与全要素生产率

但是，研究者对旅行社业增长要素贡献的研究相对较少。利用经济学的增长理论研究旅行社业要素贡献的文章只有一篇：成英文（2010）利用1991—2007年的时间序列数据，估算了旅行社业的"柯布-道格拉斯"形式的生产函数，发现旅行社业资本的贡献率达到了74.43%，劳动力的贡献率仅为16.7%，全要素生产率的贡献率为8.87%⑤。相比之下，基于非参数方法研究旅行社业全要素生产率的文献较多。

表1-1列出了使用非参数方法讨论中国旅行社业全要素生产率问题的部分文献（胡志毅，2015；宋瑞，2017；孙景荣，等，2014；武瑞杰，2013；赵海涛，高力，2013；赵立禄，段文军，2012）。这些文献均使用DEA-Malmquist的非参数模型，并使用省域面板数据进行分析，数据均来自历年的《中国旅游统计年鉴》正副本。如表所示，不同文献数据选择的时间跨度有所不同，但起始年份都在2000年以后。在模型中，投入指标一般都以旅行社业的从业人员数代表劳动力变量，以固定资产额代表资本变量，只有孙景荣等（2014）的文献将旅行社数量作为额外的投入指标计算旅行社业全要素

---

① 黄秀娟.中国旅游产业经济增长的因素贡献分析［J］.技术经济，2009（07）：67-72.
② 资本用旅游业资本形成总额占区域GDP比重表示，劳动用旅游从业人员占该区域从业人员的比重表示.
③ 左冰.中国旅游经济增长因素及其贡献度分析［J］.商业经济与管理，2011（10）：82-90.
④ 吴玉鸣.旅游经济增长及其溢出效应的空间面板计量经济分析［J］.旅游学刊，2014（02）：16-24.
⑤ 成英文.中国旅游经济增长及其决定因素研究［D］.北京第二外国语学院，2010.

生产率①。DEA 模型的特点是可以选择两个及以上的变量作为产出指标，据此可以将这些文献分为两类：第一类和参数模型选择相同变量，即以区域旅行社的营业收入作为单一的产出指标，以资本和劳动作为投入指标，赵立禄和段文军（2012）以及宋瑞（2017）两篇文献最为典型；第二类则在营业收入之外，再选择一个到两个变量作为产出指标，表中其他的文献均属于此类。在模型进行估计时，按照通常的做法，应剔除价格水平的变动因素，在表所示文献中对于旅行社业的营业收入一般用 GDP 缩减指数进行调整，固定资产额用固定资产投资价格指数进行调整，但是有的文献并没有进行这一步骤。

表 1-1　基于非参数方法计算旅行社业全要素生产率主要文献汇总

作者	时间跨度	投入要素指标		产出指标	数据处理	基本结论	空间分异
		劳动	资本				
赵立禄，段文军（2012）	2000—2009年	从业人数	固定资产总额	营业收入	价格调整	TFP 年均增长 0.1%，TP 年均增长 0.6%，TE 增长 -0.5%	TFP 东部、中部、西部依次递增
武瑞杰（2013）	2001—2010年	从业人数	资产总额	营业收入、接待游客数	没有价格调整	省际 TFP 整体下滑，主要来自技术退步	TFP 西部最高
赵海涛，高力（2013）	2001—2009年	从业人数	固定资产原值	营业收入、利润	价格调整	TFP 年均增长 5.5%，其中，TP 和 TE 年均增长 7% 和 -1.4%	26省 TFP 上升，河北等 4 省下降
孙景荣等（2014）	2003—2009年	从业人数	旅行社数量、固定资产	营业收入、接待人天数、全员劳动生产率	没有价格调整	除新疆外其他省份 TFP 全部保持增长，TE 年均增长 1.9%	东、中、西三大地区在 TFP 方面均得到很大的提高
胡志毅（2015）	2000—2009年	从业人数	资产总额	营业收入、服务游客数量	资产没有价格调整	TFP 年均增长 3.3%，其中 TP 年均增长 2.6%	TFP 在东、中、西部年均增长 4.5%、3.9% 和 1.8%
宋瑞（2017）	2006—2015年	从业人数	固定资产存量	营业收入	资产没有价格调整	TFP 年均增长 -2.9%，其中 TP 和 TE 年均增长 -6.5% 和 3.8%	TFP 在东、中、西部年均增长 -2.9%、-0.6% 和 -3.1%

注：1. 表中文献使用的方法均为 DEA-Malmquist 的非参数模型；
　　2. 表格中，TFP 表示全要素生产率，TP 表示技术进步，TE 表示技术效率；
　　3. 资本投入指标中，本表的表述尽量忠于原文，实际上，只有宋瑞（2017）的文章中，计算了旅行社的固定资产存量，其他文献都使用的是固定资产原值。

---

① 孙景荣，张捷，章锦河，等. 中国区域旅行社业效率的空间分异研究 [J]. 地理科学，2014（04）：430-437.

尽管使用同样的方法，所选择的投入变量也大致相同，但各个文献得出的结论却大相径庭。总的来说，表中第一类文献所计算得出的全要素生产率增速显著低于第二类文献。赵立禄和段文军（2012）所计算的旅行社业全要素生产率年均增长0.1%[①]，几乎等于没有增长；宋瑞（2017）计算结果则是年均下降2.9%[②]，是所有计算结果里最低的。在第二类文献中，除武瑞杰（2013）认为中国旅行社业全要素生产率整体下滑[③]外，其他文献均认为行业全要素生产率呈增长态势，其中，赵海涛和高力（2013）认为，从2001—2009年间，中国旅行社业的全要素生产率年均增速高达5.5%[④]。从空间分异的角度看，每篇文献得出的结论也各不相同。

3. 文献评述

基于经济理论研究旅行社业的要素贡献，成英文（2010）的文献非常具有代表性。近年来，主流经济学文献一般采用产出模型和增加值模型来估计生产函数，其中，增加值模型由于不考虑中间投入在生产中的作用，因此只有资产和劳动两种投入要素的估计值，而产出模型则增加了中间投入要素的估计值。对于工业企业来说，投入的原材料和中间产品在产出中的贡献较大，根据蔡昉等（2009）的估算，中间投入在总产出中的贡献率超过70%[⑤]。对于服务业也来说，相关研究采用增加值模型来测算全要素生产率（刘兴凯，张诚，2010；杨向阳，徐翔，2006）。而在成英文的研究中，以旅行社的营业收入作为产出指标，以旅行社的资本和劳动作为投入指标，没有中间产品的估计，做法值得商榷。

同理，文献中在使用DEA-Malmquist模型计算旅行社业的全要素生产率时，都是以营业收入作为产出指标，而投入指标中并没有加入中间产品，这样计算出的全要素生产率我们无法判断是由航空业、酒店业、景区业还是旅行社业所创造的。而且，使用DEA这样的非参数模型还有一个问题是只能计算出全要素生产率，既不能估计出全要素生产率对产出的贡献，也不能给出其他要素对产出的贡献值。

[①] 赵立禄，段文军. 我国旅行社业全要素生产率的测算与分析 [J]. 干旱区资源与环境，2012（08）：180-183.
[②] 宋瑞. 我国旅游业全要素生产率研究——基于分行业数据的实证分析 [J]. 中国社会科学院研究生院学报，2017（06）：72-80.
[③] 这篇文献将"接待游客数量"作为另一产出指标值得商榷，因为接待游客量并不能反映整个行业的服务情况。
[④] 赵海涛，高力. 中国旅行社业经营效率的动态变化——基于Malmquist指数法的分析 [J]. 企业经济，2013（02）：114-117.
[⑤] 蔡昉，王德文，曲玥. 中国产业升级的大国雁阵模型分析 [J]. 经济研究，2009（09）：4-14.

（二）旅行社业的结构问题

1. 产权结构

有研究者认为，中国旅行社业的整体效率不高和行业企业的产权结构相关。宋振春和马永刚（2005）认为，改革开放以来中国旅行社发展的历程表明，国有资产为主体的产权结构不利于改善企业状况，旅行社民营化才可能提高效率[①]。吴三忙和和文征（2009）认为，大量国有或国有控股旅行社的存在导致旅行社产业内部生产效率低下[②]。翟向坤等（2012）认为，在中国的旅行社市场，私有产权具有明显优于公有产权的绩效表现[③]。

2. 产业组织结构

和西方国家不同，国内的学者对旅行社的产业组织结构问题表现出持续的关注，杨丹辉（2004）运用SCP范式，对中国旅行社业的市场结构和产业绩效进行实证分析，并认为旅游市场发育不完善、相关法规不健全以及企业的不正当竞争行为共同导致了旅行社业的整体赢利水平下降[④]。阎友兵等（2008）采用集中率法测算中国旅行社业的产业集中度，发现中国旅行社业集中度呈下降趋势，市场结构类型由极高集中寡占型逐渐演化成竞争型。提出应当通过鼓励兼并重组、重构分工体系、改善市场竞争环境和推广先进信息技术以提高旅行社产业集中度[⑤]。陈夜晓（2013）对2011年武汉市旅行社的集中度进行测算，$CR4$ 为 33.34%，属于寡占型市场[⑥]。

3. 空间结构与产业集聚

产业集聚是产业和区域经济学重点关注的领域之一，是产业在空间的形态特征。一般认为，产业集聚，通过减少运输成本、增强产业链之间的内部关联、本地市场效应（陈健生，李文宇，2012）以及避税效应（王永培，晏维龙，2014）等作用来促进经济发展，表现为降低产品的单位成本，提升劳动生产率（范剑勇，2006；孙浦阳，韩帅，许启钦，2013）。

同样，旅游业的产业集聚也逐渐成为旅游研究的重点领域。主要研究结论包括：

[①] 宋振春，马永刚．对旅行社产权改革和规模化经营的思考——与张辉、魏翔先生商榷[J]．旅游学刊，2005（02）：29-32．

[②] 吴三忙，和文征．转型时期制约我国旅行社业市场绩效的原因探析—基于竞争有效性与所有权有效性双重视角[J]．旅游科学，2009（02）：50-54．

[③] 翟向坤，黄绍梅，李连宇．中国旅行社业市场绩效及其影响因素分析[J]．企业经济，2012（03）：137-140．

[④] 杨丹辉．中国旅行社业市场结构与产业绩效的实证分析[J]．首都经济贸易大学学报，2004（04）：23-28．

[⑤] 阎友兵，洪梅，王忠．我国旅行社产业集中度演化及对策[J]．旅游学刊，2008（08）：74-79．

[⑥] 陈夜晓．基于SCP范式的武汉市旅行社业发展研究[D]．华中师范大学，2013．

整体上，中国旅游产业集聚水平不高，呈现增长趋势（郭悦，钟廷勇，安烨，2015；李姝姝，邢夫敏，章玲玲，2017；王凯，易静，2013）；产业集聚对旅游业的全要素生产率[①]有促进作用，但郭悦等（2015）认为旅游业产业集聚对旅游业的技术效率具有显著为正的影响，但是对旅游业的技术进步影响并不显著[②]；而李姝姝等（2017）则认为旅游产业集聚对旅游业效率的提升主要是通过促进旅游业规模效率的提高这一途径来实现[③]。还有学者认为旅游产业集聚对地区收入差距具有显著线性负向影响效应（赵磊，2013）。

相比较而言，对旅行社业产业集聚的研究较少，张海霞和张旭亮（2012）基于新贸易理论的基本假设，利用2010年的数据，研究发现旅行社行业不存在明显的本地市场效应[④]。李世霞（2013）对旅行社的规模和空间格局进行分析，得出的结论是：从宏观上看，旅行社发展水平和区域经济发展水平正相关，从演变格局看，总体上旅行社的空间集聚很高，虽然最近有所降低，但趋势并不明显[⑤]。杨勇（2015）以旅游企业的劳动生产率为因变量，产业聚集密度[⑥]、单位劳动力资本配置和多样化水平为自变量，利用2001—2012年的省域面板数据模型，证明了旅行社行业存在"凡登效应"，旅游产业聚集密度对旅游企业劳动生产率的净效应为正[⑦]。王飞（2015）对湖北省的旅行社的空间分布特征进行分析，结论是该省A级旅行社空间分布较为集中，且等级越高，空间分布就越集中[⑧]。

4. 文献评述

总的来说，中国旅行社业的结构研究受限于统计数据的可得性。例如，对产权结构的研究几乎全部为定性研究，研究者仅按照西方经济学的逻辑推演先验的认为国有旅行社效率较为低下的结论，这是在中国旅行社业产权结构的描述性统计都缺乏的前提下得出的。对产业组织结构的研究中，由于没有微观数据可以使用，研究者只能使

---

① 这里几乎都是用DEA方法测算的全要素生产率．
② 郭悦，钟廷勇，安烨．产业集聚对旅游业全要素生产率的影响——基于中国旅游业省级面板数据的实证研究[J]．旅游学刊，2015（05）：14-22．
③ 李姝姝，邢夫敏，章玲玲．旅游产业集聚对区域旅游业效率的影响研究—基于中国省际面板数据的实证分析[J]．世界地理研究，2017（03）：134-146．
④ 张海霞，张旭亮．旅游业的要素禀赋、产业集聚与本地市场效应：中国的经验证据[J]．商业经济与管理，2012（06）：90-96．
⑤ 李世霞．我国旅行社规模及空间格局研究[D]．首都师范大学，2013．
⑥ 旅游企业总产值除以区域面积．
⑦ 杨勇．集聚密度、多样性和旅游企业劳动生产率——兼对产业聚集理论观点的拓展研究[J]．财贸经济，2015（02）：148-161．
⑧ 王飞．湖北省旅行社空间分布及优化对策研究[D]．华中师范大学，2015．

用"百强社"的整体数据进行分析①，使得研究的价值大打折扣。而在对旅行社业空间结构和产业集聚的分析中，情况相对较好，研究者可以利用省域数据，测算空间基尼系数以及区位熵指数，但对于一些最新的分析方法如 EG 指数，则需要用到企业的微观数据，无法应用到旅行社业产业集聚的研究中。

此外，由于旅行社业的许多问题是交织在一起的，最明显的是"小散弱差"问题，笔者将在旅行社业分工体系的综述之后，对该问题进行评述和分析。

（三）旅行社业的产业分工问题

西方传统旅游产业组织，由旅游供应商、旅游批发商、旅游零售商和旅游代理商组成。其中，旅游供应商指在旅游服务过程中各项具体服务的提供单位。包括但不限于接待旅行社、旅游区（点）、酒店、餐馆、商店、铁路、汽车公司、船运公司、航空公司等相关接待单位。旅游批发商②根据对市场需求的了解和预测，大批量地订购旅游交通、旅游饭店、旅游目的地的旅行社、旅游景点等有关企业（即旅游供应商）的产品和服务，将这些单项产品和服务组合成为不同的包价旅游线路产品或包价度假产品，通过一定的销售渠道出售给旅游消费者的企业。对于包价旅游产品而言，传统的销售渠道由自有渠道（批零一体化）和第三方渠道（旅游零售商③）组成（庞世明，王静，2016）。

提到中国旅行社的分工体系，研究者普遍称之为"水平分工"（张辉，魏翔，2004）。所谓水平分工，是指每类旅行社的经营活动都涉及从生产、设计、开发旅游产品到旅游接待的各个环节，没有形成专业化的分工体系（姚延波，2000）。20 世纪 90 年代，这样的表述开始出现，2010 年以后，研究者依然持此观点。曾丽和陈钢华（2013）认为，旅行社整体层面仍然是水平分工的体系，不同经营模式的旅行社所生产的产品相同或相近，只是线路设计、品质质量、品牌、价格有所差别④。丁志帆和王朝明（2013）认为，目前中国旅行社业实行水平分工体系，造成旅行社集中度低，

---

① 实际上，由于"百强社"的整体数据在2009年以后也不再发布，利用这些数据进行的研究工作也基本中断。
② "众信旅游"在其IPO文件中，给出出境游批发业务的定义：公司根据市场需求，采购旅游交通、景点、酒店、餐厅等上游资源，事先设计好旅游产品，通过全国范围内的经营出境游业务的旅行社，包括根据国家旅游局规定可以从事出境游招徕业务的旅行社，即旅游代理商，推广并销售给终端消费者，由公司为终端消费者提供最终产品和服务，并由公司与旅游代理商之间进行旅游费用结算的业务。
③ "众信旅游"在IPO文件中，对出境游零售业务的定义是：公司直接面向广大终端消费者推广、销售产品，并提供旅游服务的出境游业务。该业务与出境游批发业务相比，主要区别在于不需通过旅游代理商这一中间环节。
④ 曾丽，陈钢华.以部门为分析单位的旅行社分类研究[J].旅游学刊，2013（05）：109-115.

产品创新能力不强[①]。王琪延和黄羽翼（2014）认为，旅行社相关问题的主要原因之一是行业目前还是以水平分工为主，未形成批发商——零售商——代理商的垂直分工体系[②]。

如果说中国旅行社业一直处于水平分工体系的话，大部分旅行社都跨越了整条产业链，从产品研发、批量购买到组团接待，全部由一家旅行社完成，那怎么还会产生"零负团费"问题（陈香酥，吴春娅，2011；苟雪芽，2006；何仲新，2013；黄昌波，2006；黄晓弘，2010；贾跃千，2005；贾跃千，2006；贾跃千，何佳梅，崔凤军，2006；凯拉，2016；罗水波，2011；庞世明，2013；齐立云，2005；孙琳，2007；吴敬波，2013；夏丽丽，等，2014；阳宁东，周幼平，2005；朱凌玲，2014）。"零负团费"模式本身就表明了组团社和地接社之间处于交易关系，这种交易关系难道不是产业链上下游的垂直分工吗？对于处在中西部旅游目的地的旅行社来说，在发展初期，一定是以接待业务为主，很难想象这些旅行社都有完整的业务链，要到东部地区完成自组团业务。同样，处于东部旅游客源地的旅行社，要完成从组团到接待的所有业务活动，内部的组织协调成本怕是远高于和当地旅行社进行合作的交易费用。因此，对旅行社业的分工体系问题，还需要进行深入探讨和分析。

（四）中国旅行社业的"小散弱差"问题

在中国旅行社业，有一个词汇是专门形容产业组织结构和绩效而被广为流传，那就是所谓的"小散弱差"。1997年，时任国家旅游局旅行社饭店管理司司长的魏小安指出，"国内旅行社数量多，但'小散弱差'"（魏小安，1997）。2000年，时任国家旅游局规划发展与财务司副司长的钟海生指出，"'小散弱差'是旅游企业组织结构的主要特征"，"旅行社业的经济规模偏小，全行业旅行社的平均销售额仅为403万元，如果将国中青等排名前10名的旅行社企业排除在外，销售额平均规模将锐减"（钟海生，2000）。此后，"小散弱差"成了旅行社的专有指代，众多学者也纷纷指出旅行社的这一问题（董红霞，2010；方东成，2003；童碧莎，2016；阎友兵，洪梅，王忠，2008；张安民，李永文，梁留科，2007；张凌云，2001；张凌云，2005；赵波，2002；赵红，2003）。张凌云（2001）指出旅行社行业的平均利润率从1992年的13%下降到1999

[①] 丁志帆，王朝明．"零负团费"治理困境的破解之道——基于巴泽尔产权理论的分析[J]．郑州大学学报（哲学社会科学版），2013(02):69-74．

[②] 王琪延，黄羽翼．提升北京旅游竞争力问题研究[J]．北京第二外国语学院学报，2014(11)：1-8．

年的1.9%，已经成为名副其实的微利行业①。赵波（2002）指出旅行社业经济规模偏小，2000年全行业的营业收入不及美国运通公司1994年营收的2/3②。赵红（2003）指出中国旅行社规模小，实力弱，2001年，旅行社平均资产394.4万元，平均营业收入560万元，平均利润12.2万元③。张安民等（2007）指出中国旅行社业属于典型的分散竞争的市场结构，产业集中度明显低于国外成熟旅行社水平。美国前4位旅游经营商的业务量已经占到整个度假市场的62%，英国前5位的旅游经营商1996年就控制了75%的市场④。

张凌云（2005）给出了"小散弱差"的定义：即企业规模小、产业结构松散、核心竞争力弱、经营业绩差⑤。换句话说，在组织结构上，中国旅行社业的集中度偏低，在经营绩效上，中国旅行社的资产、收入、利润以及利润率等财务指标远低于发达国家旅行社的水平。因此，本质上，"小散弱差"是指中国旅行社业集中度低，经营绩效差。而产业组织结构和经营绩效之间又是相互关联的，哈佛学派和芝加哥学派通过大量的研究论证了二者符合"集中度—利润率"假说，即行业的集中度和利润率之间为正相关关系。西方发达国家的旅行社业已经形成了高度集中的竞争格局并获得了较高的回报率，被认为是富有竞争力的行业样本，也是中国旅行社业发展的目标。

研究者普遍将中国旅行社的"小散弱差"问题和"过度竞争"（赵红，2003）、"恶性竞争"（张安民，李永文，梁留科，2007）、"无序竞争"（宋振春，马永刚，2005）等问题联系起来，并将旅行社业的低效率归因于中国缺乏西方发达国家旅行社业的垂直分工体系。姚延波和左坚（2001）指出中国旅行社一直实行政府主导下的水平分工，使得众多旅行社处于"大而全""小而全"的状态⑥。孙睦优（2006）指出行业分工体系不合理是造成旅行社行业市场秩序混乱和低效率运转的主要原因⑦。郭鲁芳和张素（2007）认为，在水平分工体系下，大型旅行社难以形成规模经济，规模优势得不到发挥，而数量众多的中小旅行社则大多沦为"生存型"旅行社，导致旅行社行业市场秩序混乱，效率低下⑧。

---

① 张凌云.我国旅行社行业发展的几个理论问题——对我国旅行社行业制度变迁的考察［J］.桂林旅游高等专科学校学报，2001（03）：20-28.
② 赵波.中国旅游产业组织发展研究［D］.青岛大学，2002.
③ 赵红.我国旅游产业过度竞争状况实证分析［J］.山东财政学院学报，2003（04）：73-76.
④ 张安民，李永文，梁留科.基于SCP模型的我国旅行社业的经营测度［J］.旅游学刊，2007（10）：44-49.
⑤ 张凌云.我国旅行社行业市场垂直分工的规制性障碍（上）［N］.中国旅游报，2005-05-16.
⑥ 姚延波，左坚.对我国旅行社行业管理问题的思考［J］.南开管理评论，2001（03）：61-66.
⑦ 孙睦优.大中小型旅行社分工体系的调查［J］.经济管理，2006（05）：82-85.
⑧ 郭鲁芳，张素.旅行社行业发展动向及对策——以浙江为例［J］.商业经济与管理，2007（12）：64-68.

一般来说，某一行业或产业选择何种分工体系，是企业根据当时的市场环境和成本结构自主选择的结果，企业规模如何选择才能最优首先要接受"生存法则"的检验。用发达国家旅行社较为成熟的产业组织结构来批判转型经济体旅行社业的组织结构，其科学性本身就值得探讨。更何况，用事实（中国旅行社业缺乏垂直分工体系）去解释事实（中国旅行社业的"小散弱差"），也不是科学的方法论。

更多的学者则深入到旅行社"小散弱差"背后的制度原因。宋振春和马永刚（2005）从产权制度着手，认为旅行社国有资产为主体的产权结构不利于企业改善状况，民营化才能提高效率。而张凌云（2005）和杨军（2006）分别对此观点进行商榷并指出，旅行社的"小散弱差"本质上是制度安排导致市场运行机制无法发挥作用。张凌云（2005）认为，旅行社行业过高的交易成本和沉没成本（质量保证金），形成了小旅行社的进入壁垒和大旅行社的退出壁垒，既妨碍行业形成合理的分工体系，也阻碍了一体化进程[①]。杨军（2006）认为，制度约束导致的旅行社形成的"碎片市场""高壁垒市场"和"竞争失调市场"是行业绩效低下的根本原因[②]。

从旅行社数量变化上看，我们很难相信旅行社有较高的进入壁垒。1990—1994年，第一、三类社分别以年均58.53%、76.98%的速度增长。1997—2008年，国际旅行社和国内旅行社分别从991家、3995家增长到1970家和18 140家。而且，如果制度性的进入壁垒是造成中国旅行社业"小散弱差"的主要原因之一的话，进入壁垒更低的国内旅行社应该率先完成资源配置的优化，实现产业集中，提高集中度和经营绩效。而实际上，从双百强社的市场占有率对比来看，国内旅行社的集中度远远低于国际旅行社（阎友兵，洪梅，王忠，2008）。

同时，旅行社业的退出壁垒和其他行业相比也不算高，"小散弱差"本身就说明大部分旅行社的固定资产较少，此外，质量保证金属于押金，在旅行社的会计核算中计入资产类科目[③]，在旅行社退出市场时，这项资产可以收回。旅行社基本上没有资产专

---

① 张凌云.旅行社产权改革、规模化经营和市场制度——兼与《旅游学刊》中两篇论文的作者商榷[J].旅游学刊，2005（06）：54-57.
② 杨军.影响旅行社绩效的深层次原因透析——兼与张辉先生和宋振春先生等商榷[J].旅游学刊，2006（01）：74-76.
③ 按照国家税务总局编写的《企业所得税管理操作指南：旅行社》中，旅行社在资产类科目中设置"存出保证金"科目，其上一级是"长期应收款"科目。

用性的问题①。1989年,旅行社的数量由1989年的1617家下降到1991年的1561家;在旅行社质量保证金制度实施的当年,旅行社由1994年的4382家减少为3826家。

至于杨军所说的"《旅行社管理条例》对旅行社产权转让不支持","《旅行社管理条例》原则上不允许旅行社'跨地区经营',并对旅行社跨地区设立分支机构设置了很高的门槛",这些也难以让人信服。2001年,广东中旅并购了深圳罗湖国际旅行社等20多家旅游公司(鹿山,2002)。2002年,武汉东星旅行社收购了汉口国旅97.5%的股权(杜江,2003)。2003年,香港中旅收购了中远国际旅行社70%的股权②。很多旅行社在异地都设立了分支结构,比如,2003—2004年,广州广之旅分别在湛江、东莞、江门、汕头、珠海等很多地区设立的了分支机构③。

实际上,从1985年的《旅行社管理暂行条例》,到1996年的《旅行社管理条例》,再到2009年的《旅行社条例》,对旅行社的规制处于逐步放松状态。政府对旅行社并没有严格的数量管制,而且允许产权转让、企业退出,这些都说明旅行社的制度性壁垒并不高。如果通过一体化的并购可以大幅降低交易费用,实现规模经济,中国旅行社业不会在相当长的一段时间里被认为是"小散弱差",那为什么大范围的一体化没有发生呢?这些都需要重新进行思考和梳理。

三、关于旅行社业研究的整体评述

对于旅行社业的研究,国外和国内的研究成果,既有很多相似之处,又有很多区别。相似之处在于,旅行社业研究的"管理学"视角。近年来,中外学者都喜欢利用结构方程模型,基于问卷,研究旅行社的满意度、产品质量等问题。这样的研究对问卷的质量、访谈的参与方、抽样的标准以及一些其他环境因素要求非常高,而且,研究结论往往难以被证实,造成这类研究有汗牛充栋的趋势。中外的研究成果的区别之处在于,中国的学者注重对中国旅行社产业组织的研究,而这在近年来国外的研究中已经看不到了,原因是像西方发达国家的旅行社产业组织结构趋于稳定,不再发生改

---

① 企业的资产可以分为四类:第一类是产品改变用途后毫无用处的资产(资产Ⅰ),这类资产称为沉没资产;第二类是经过调整可以适应新产品生产的资产(资产Ⅱ);第三类是不需要调整就能适应新产品生产的资产,但存在着更有效率的替代资产(资产Ⅲ);第四类产品是有着广泛适用性的资产,产品改变不会使额外成本产生(资产Ⅳ)。江小涓(1998)在那篇获得孙冶方经济科学奖的论文中,研究了棉纺织行业的退出壁垒问题,作者指出棉纺织行业中的资产Ⅰ和资产Ⅱ占其资产的绝大部分,其行业的机器设备、纺锭、织机等生产要素无法转产生产其他产品。而旅行社作为现代服务业企业,其资产基本上全都属于资产Ⅳ。

② 资料来源于香港中旅2002年的年报。

③ 这是在国家企业信用信息公示系统(www.gsxt.gov.cn)简单查询的结果。

变。而中国的旅行社业，在改革开放和经济发展的大潮中，产业组织不断发生着变化，在变化中存在着诸多问题，引领学者进行研究与讨论。

但是，对于旅行社业的研究有待深入，一方面，旅行社行业数据需要深入挖掘。和农业、工业的统计数据相比，旅行社业的数据少得可怜。中国工业经济数据库覆盖了每一家规模以上工业企业的包含资产负债表和利润表在内的上百个数据变量，而旅行社业却只发布行业整体的数据，而且只有收入、利润等十余个变量。另一方面，对理论的重视程度有待提高。经济学发展的前沿理论很少被应用于旅行社业的研究，对旅行社业的研究也逐渐陷入描述现象——而不是解释现象的氛围中。

对此，本书在前人研究的基础上，应用新结构经济学的理论框架，使用公开数据和笔者所搜集到的微观企业数据，提出假说并进行经验验证，来分析旅行社业的增长和结构问题。

第三节　研究的内容与框架

本书聚焦中国旅行社业的增长和结构问题，并力图揭示：第一，中国旅行社业的增长是如何发生的呢？在增长的过程中，劳动力、资本以及全要素生产率的贡献分别有多大呢？不同区域间的差异如何呢？为什么？第二，中国旅行社业制度变迁如何影响旅行社业增长和结构呢？第三，在增长的过程中，中国旅行社业的产权结构、产业组织结构、空间结构特征是什么样子的，又是如何变化的？第四，技术进步，特别是"互联网+"，如何重塑中国旅行社业的业务流程，促进产业发展和结构调整？第五，旅行社业发展中遇到的实际问题，如旅游产品的"零负团费"问题和旅行社业的"小散弱差"问题和分工体系问题存在的原因是什么？具体的研究内容：

第一章为导论，介绍了本研究的研究背景并进行了文献评述，说明了本书研究的主要内容和逻辑框架，指出了研究方法，对创新点进行了总结归纳，最后阐述了研究意义。

第二章为研究的理论基础，包括对经济增长理论、产业组织理论和新结构经济学相关理论进行归纳、总结和提炼。

第三章为中国旅行社业的发展历程简要回顾。以对旅行社业影响较大的三个重要文件——1985年颁布的《旅行社管理暂行条例》、1996年颁布的《旅行社管理条例》

和2009年颁布的《旅行社条例》，作为划分中国旅行社业发展四个阶段的标准。对这四个阶段中国旅行社业的管理制度、规模变化、业务特征进行了简要回顾和趋势分析。回顾改革开放30多年来旅行社业的发展历程以及制度变化对旅行社业发展的影响，有助于形成旅行社业发展与变迁的直观印象。

第四章为中国旅行社业增长的要素贡献。笔者构建了基于增加值的柯布－道格拉斯生产函数，利用1997—2015年的区域面板数据模型来测算劳动力、资本和全要素生产率对中国旅行社业增长的贡献。

第五章为中国旅行社业的产权结构与效率。笔者利用2010年中国旅行社全行业的微观数据，用旅行社的数量、营业收入、增加值、固定资产净值、从业人员数这几个关键指标考察不同产权类型旅行社的分布情况，梳理行业的产权结构，并通过测算劳动生产率，对比不同产权旅行社的效率，发现"中国旅行社业效率之谜"并尝试进行解释。

第六章为中国旅行社业的产业组织结构。笔者利用2011—2015年北京市旅行社的微观数据测算北京市旅行社的集中度指数。并从要素禀赋的角度对旅行社业的产业组织结构做出解释，提出可以验证的假说并进行经验检验。

第七章为中国旅行社业的空间结构与产业集聚。笔者采用不同指标展现不同时间点旅行社在各省的空间分布情况，运用区位熵的方法计算旅行社业的产业集聚程度，尝试运用新结构经济学对旅行社的产业集聚进行解释，并运用面板数据模型，讨论旅行社的产业集聚能否提高劳动生产率。

第八章为中国旅行社业的产业分工和产业升级。中国旅行社业曾因缺乏垂直分工体系而广受诟病，笔者运用北京市旅行社业的微观数据，来说明中国旅行社业已建立起垂直的分工体系。随后，笔者利用中国旅行社业三大旅游业务以及增加值的重心图的迁移，讨论旅行社业是否存在"雁阵模式"的产业升级。

第九章为案例分析，讨论互联网对中国旅行社业特别是在线旅行社（OTA）的影响。本章利用上市公司的公开数据，通过"携程""艺龙""去哪儿""途牛""众信旅游"等旅行社的案例，分析互联网背景下，在线旅游代理商、在线旅游零售商和在线旅游批发商增长和结构的变化特征。

第十章为结语，包含本书的主要结论、有针对性的对策建议、研究的不足以及未来的研究方向。

研究思路和分析框架如图1-1所示：

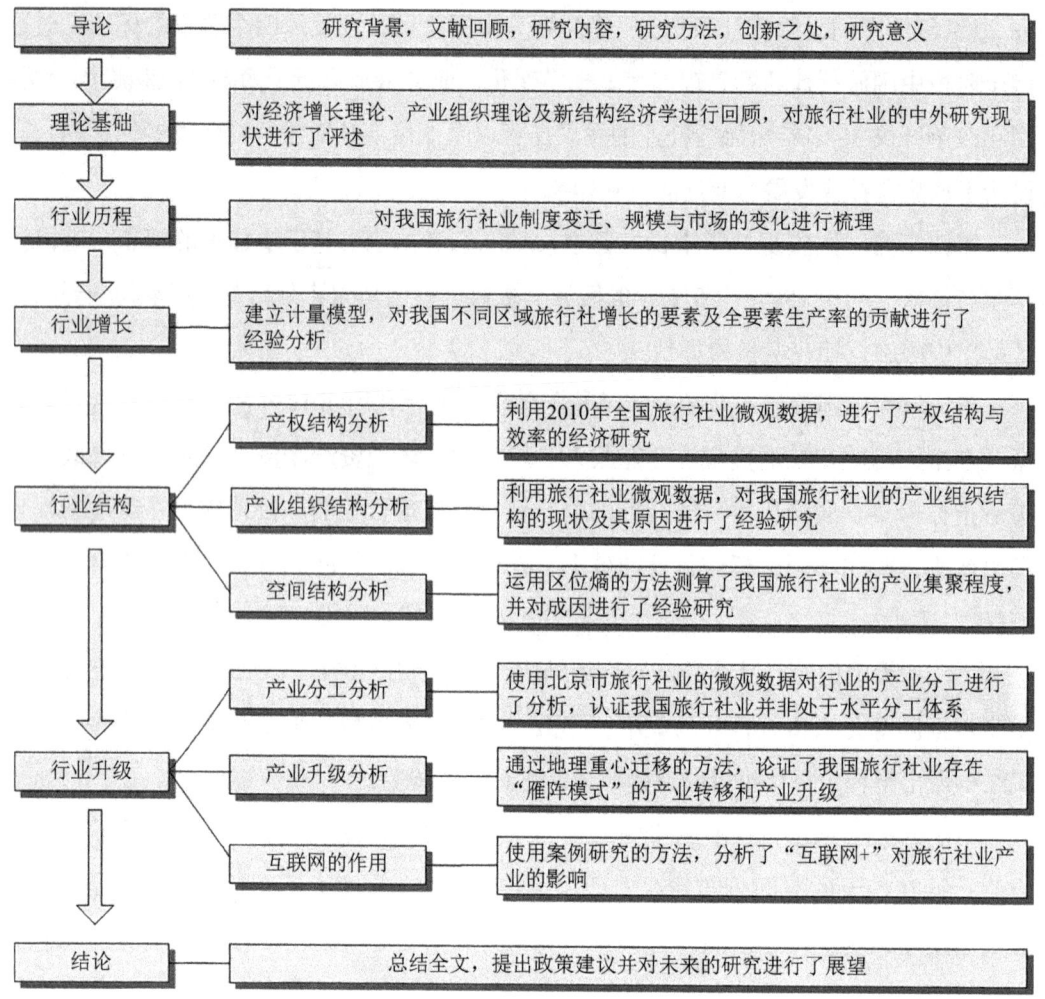

图 1-1 研究思路和分析框架

第四节 研究方法

归纳与演绎相结合的方法。笔者研读了大量国内外文献，充分理解文献的核心观点，针对本书的研究主题进行文献述评，发现现有研究的优点和不足，然后对相关理论进行分析、推理和演绎，为本研究奠定坚实的理论基础。

理论研究与经验研究相结合的方法。理论研究是对旅行社业的要素贡献、产权结构及效率、产业组织结构、产业升级和产业转移等问题进行了理论分析，并结合数据进行了经验分析。

计量分析的方法。笔者构建了计量模型，对理论推演的结论进行经验检验。

案例分析的方法。笔者采用案例分析的方法，说明技术进步特别是"互联网+"对旅行社业发展的影响。

第五节　创新之处

（1）在理论上，将新结构经济学用于分析中国旅行社业的增长和结构问题。对旅行社行业存在的诸多问题提出了新的解释。并应用"雁阵模式"来分析中国旅行社业的产业升级。

（2）在经验研究中，利用旅行社行业营业税的征收特点，创新性地提出了计算旅行社业增加值的方法，解决了中国旅行社业全要素生产率的测算问题。

（3）在数据方面，获得了2010年万余家全国旅行社的微观数据以及2011—2015年北京市千余家旅行社的微观数据，利用这些数据，可以计算异质性企业的效率、旅行社业的集中度指数，判断旅行社业的分工体系。这些在以往的研究成果中并不多见。

第六节　研究意义

一、理论意义

第一，将新结构经济学的思想和分析框架贯穿全书，解释一个产业的发展、结构的变化。长期以来，新结构经济学应用动态的比较优势原理来分析一个国家或地区经济增长、要素禀赋和产业结构的变化。而本研究尝试使用这个框架来分析某一个产业的变化。这丰富了新结构经济学的应用范围，拓展了产业分析的理论。

第二，将新结构经济学用于产业组织理论的分析。无论是基于SCP模型的传统产业组织理论，还是基于博弈论和交易费用理论建立起来的新产业组织理论，要素丰裕度和产业密集型特征均游离于产业组织的分析之外。本研究通过引入新结构经济学的理论框架，将禀赋结构加入旅行社业的分析中，有助于丰富产业组织理论，促进贸易理论和产业组织理论的融合。

第三，对不同产权性质旅行社的效率进行对比分析，发现"中国旅行社业效率之谜"，即国有旅行社的效率高于民营旅行社。并对这一现象进行解释，丰富和扩展了产权理论。

第四，将"雁阵模式"用于分析旅行社业的产业升级，进一步丰富和完善"雁阵模式"相关理论。

总之，本书通过对旅行社业增长和结构的分析，基于新结构经济学，提出一个产业的分析范式，即从"要素禀赋—增长贡献—结构特征—升级路径"来全面剖析一个产业的发展。

二、现实意义

通过对中国旅行社业增长与结构的梳理和分析，本书试图找到行业发展的客观规律，解释要素禀赋、制度变迁、技术变化等因素如何发挥作用，发现制约中国旅行社业发展的约束条件，在旅行社业发展的过程中，旅行社的产权结构、产业组织结构以及空间分布如何变化，产业升级遵循何种路径。通过本书的分析，使读者了解中国旅行社的过去、现在和未来，为企业的转型升级提供智力支持，为有关部门制定法律、规章、产业政策提供有力参考。

此外，本书具有较强的问题导向，对中国旅行社业发展中存在时间较长、影响范围较广的"零负团费""小散弱差"等问题重新进行解释和分析，为政府部门和业界解决这些问题提供新的思路。

第二章
研究的理论基础

在开始中国旅行社业增长与结构的研究之前，仍需开展两个方面的工作，一是要对相关的理论进行阐述，这是本章的主要内容；二是对中国旅行社业的发展历程进行简要回顾，这是下一章的主要任务。

对研究的理论基础进行分析和阐述非常重要，一方面以理论为工具，找到独特的角度，可以更为有效地切入旅行社业增长与结构的研究，揭示产业的发展规律，加深对产业的认识；另一方面，如果该理论框架可以很好地解释旅行社业的相关问题，那么可以进一步讨论能否形成研究范式，应用到其他产业的研究中去。

本章首先对经济增长理论和产业组织理论的发展进行了梳理，讨论了这些理论的适用性问题，重点说明为什么选择了经济增长理论中的"新结构经济学"这一理论框架对旅行社业进行研究。

第一节 经济增长理论

一、新古典经济增长理论

经济增长理论是西方经济学的重要分支，其研究的核心问题是，一个国家（地区）在一定时期的经济增长水平是由哪些因素决定的，随着时间的推移，这些因素发生变化又会如何影响经济增长。最早对经济增长理论的研究可以追溯到亚当·斯密和大卫·李嘉图的古典政治经济学。亚当·斯密认为经济增长主要由劳动分工、资本积累和技术进步推动，大卫·李嘉图则提出了相对完整的理论框架，指出社会总产品是土地、资本和劳动三者结合的产物，在边际报酬递减规律的作用下，最终的经济增长将停止。

在随后相当长的一段时间内，对经济增长理论的研究趋于停滞，特别是在经历了 20 世纪 20~30 年代的"大萧条"之后，对短期问题的关注显然要高于长期，正如凯恩斯所说"长期来看，我们都会死（In the long run, we are all dead）"。

"二战"以后，经济增长问题才重新回到人们的视野，并最终形成了现代经济增长理论，公认的奠基人是英国经济学家哈罗德和美国经济学家多马，他们研究了国民收入、人口、资本、劳动生产率等因素之间的数量关系，各自独立提出了著名的哈罗德—多马模型（Domar, 1946；Harrod, 1939）。

哈罗德—多马模型建立在三个重要假设的基础之上：(1) 总产出中的恒定比率用于储蓄；(2) 单位产出的所需的资本和劳动给定；(3) 劳动力按不变速度增长。在这样严格的假设下，稳态均衡很难实现，因此被称为"刀锋上的均衡（knife edge）"。

哈罗德—多马模型中最为重要的假设是固定技术系数生产函数，假定劳动和资本不能替代，索洛（1956）和斯旺（1956）放松了这一假设，取而代之的采用资本和劳动可以替代的新古典生产函数，独自建立了新的经济增长模型（Solow, 1956；Swan, 1956）。在要素投入边际收益递减的条件下，长期人均经济增长率将趋于零。

二、内生增长理论

以索洛和斯旺为代表的新古典经济增长模型，将长期的经济增长归因于外生的技术进步，等同于将各国间长期增长差异归结于"运气"，这显然和事实并不相符。此外，新古典增长理论隐含着一个结论是，不同国家的经济增长具有趋同性。发展中国家人均资本存量少而资本的边际产量高。在其他条件相同的情况下，发展中国家资本存量的增长速度将超过发达国家。随着时间的推移，发展中国家的"资本—劳动"比率、"资本—产出"比率将与发达国家趋同。发展中国家的经济增长速度应该高于发达国家，这显然也和大多数发展中国家的经济增长情况不符。正因为如此，在 20 世纪 70 年代以后长达 15 年的时间里，经济增长理论再次淡出了主流经济学的视野。

直到 1986 年，罗默教授发表的《收益递增和长期经济增长》，标志着经济增长理论研究的新阶段的开端。在这一阶段，经济增长理论最重要的特点是，经济增长不再是由外部因素而是由经济系统内生给定。因此，这一阶段的经济增长理论被称之为内生增长理论,在内生增长理论中,传统的规模收益递减假设被抛弃。罗默在阿罗"干中学"模型(Arrow,1962)的基础上,提出了知识溢出模型(Romer,1986)。卢卡斯则用人力资本的溢出来解释长期经济增长(Lucas,1988)。

除了外部性理论,众多研究分别从新产品(Dinopoulos & Thompson, 1998; Grossman & Helpman, 1991; Young, 1998)、分工(Becker & Murphy, 1992; Yang & Borland, 1991)、内生人口变化(Galor, 2000)、收入分配(Alesina & Rodrik, 1994; Perotti, 1996)角度探讨内生增长模型。通过引入新的变量和构造凸性生产函数,内生增长理论可以较好地解释发展中国家和发达国家之间差距的拉大。同时,大量的经验研究也显示,后进国家可以从发达国家的技术扩散中得到好处以提高本国的经济增长速度。

第二节　产业组织理论

一、斯密定理、马歇尔冲突和经典产业组织理论

产业组织理论的目的是让我们理解经济中各个产业的结构和行为(Stigler, 2006)。一般认为马歇尔的新古典经济学是产业组织理论的源头,实际上,亚当·斯密在1776年就提出了需求条件和产业组织的相关关系的著名论断,在《国富论》第一篇第三章,斯密指出"分工起因于交换能力,分工的程度,因此总要受交换能力大小的限制,换言之,要受市场广狭的限制",简而言之,"市场范围限制劳动分工",这被后世称为"斯密定理"。然而,"斯密定理"引出一个两难问题:"如果劳动分工受市场容量的限制,那么产业则以垄断为特征;但是,如果产业以竞争为特征,那么该定理就是错误的或者没有意义的"(Stigler, 2006)。当马歇尔重构古典经济学时,力图通过三个理论来解释"斯密定理",结果却招来更加尖锐的批评,从此,"马歇尔冲突"便取代"斯密定理"粉墨登场。

"马歇尔冲突"带来了微观经济学的两分法并促进了经典产业组织理论的发展。在贝恩开创性地研究产业组织理论的时候,规模经济成为他认为最重要的进入壁垒。其内在逻辑是:由于规模经济的存在,在位者把价格制定于平均成本之上且可以获得经济利润,潜在的竞争者选择进入产业,将使整个产业中产品的供给量提升,根据需求

定理，价格会下降至小于或等于平均成本的点上，从而进入者无利可图。于是，以贝恩为代表的哈佛学派合乎逻辑地提出了标准研究范式——基于单向因果联系的"结构—行为—绩效模型"（SCP模型），并得出结论：行业集中度高的企业总是倾向于提高价格、设置障碍，以便谋取垄断利润，从而造成资源的非效率配置。简单来说，是规模经济导致了静态效率损失。因此，"马歇尔冲突"假说在哈佛学派看来是一个无可争议的真命题。

在哈佛学派看来，由企业规模经济等因素形成的进入壁垒，决定了企业采用限制竞争的行为，从而使企业获得超额利润。随着SCP分析范式的出现，批评之声也随之而来。芝加哥学派、新奥地利学派以及可竞争市场理论都对SCP范式提出了质疑和反驳。施蒂格勒（2006）认为"规模经济"要接受"生存法则"的检验[①]，德姆塞茨指出"一些产业倾向于少数具有竞争优势的厂商。这些优势可归结为较低的成本或是较好的产品。在这些产业中优势厂商倾向于主导整个市场，集中度将会很高，并且有能力将价格定在成本之上，价格–成本率和产业利润都会较高。"也就是说，结构和绩效的相关关系是企业高效率的结果而非原因——企业效率提高导致市场份额上升，从而市场集中度提高。

新奥地利学派把市场理解为分散的知识和信息的发现和利用过程，在竞争中胜出，获得垄断地位的企业是效率最高的企业。熊彼特指出真正重要的竞争来自创新而非企业之间的价格竞争（Schumpeter，1985），垄断公司在其成长阶段是高度创新的公司，需要大量的风险投资。垄断并不排斥竞争，新崛起的公司会取代老的垄断公司。按照熊彼特的观点，用"集中度"度量垄断程度是错误的，因为"集中度"作为度量指标，并不能反映长期动态的竞争程度。

鲍莫尔的可竞争市场理论是同时受奥地利学派和芝加哥学派影响而产生的新的产业组织理论[②]。鲍莫尔认为市场中有大量潜在的进入者，这会逼迫垄断者像竞争企业一样行事；经验研究表明，企业采取价格歧视只是为了弥补沉没成本，而不是为了获得超额利润；市场集中度的增加不能归结于企业试图取得垄断力量，而应归因于创新和创新引发的技术变迁，在长期均衡中，技术对企业规模大小起决定性作用。

对"斯密定理""马歇尔冲突"的争论贯穿于产业组织理论发展的第一阶段，在这一阶段，各个学派对"集中度–利润率"的相关关系实际都是认同的，但解释不同。

---

① 施蒂格勒.产业组织[M].王永钦，薛锋，译.上海：上海人民出版社，2006.
② 鲍莫尔.资本主义的增长奇迹[M].北京：中信出版社，2004.

他们的观点差异反映出对竞争的不同态度：哈佛学派认为市场会内生出垄断企业，垄断企业会通过各种方式限制竞争，维护垄断利润。而其他学派则认为，竞争是一种强大的力量，终究会冲破垄断的牢笼；垄断，恰恰是竞争产生的高效率和创新的结果，而非竞争失灵的原因；垄断者有随时被竞争者取代的风险。正如施蒂格勒教授指出的"竞争是一粒坚韧的种子，而非温室的花朵"。

二、产业组织理论的发展

产业组织理论的发展一方面以科斯的交易费用理论（科斯，2014）为基础，从制度角度研究经济问题的"新制度产业经济学"。该学派组织理论的主要特点在于引入交易费用这一概念的分析，并对交易费用经济学的理论体系、基本假说、研究方法和研究范围作了系统的阐述，突破了仅从技术角度考察企业、从垄断竞争角度考察市场的传统观念，为企业行为的研究提供了全新的视角。威廉姆森将交易作为分析对象，将交易作为一种契约，并根据资产专用性、不确定性和交易频率将契约分为不同类型，契约类型的不同导致企业的行为的差异（威廉姆森，2014；威廉姆森，2011）。

产业组织理论的发展另一方面则沿着 SCP 范式的方向发展成为"新产业组织学"。在研究方向上，不再强调市场结构，而是突出市场行为，寻求将产业组织理论与新古典微观经济学进行更加紧密的结合。在研究方法上，80 年代前后，以泰勒尔、克瑞普斯等人为代表的经济学家将博弈论引入产业组织理论的研究领域，用博弈论的分析方法对整个产业组织学的理论体系进行了改造，从重视市场结构的研究转向重视市场行为的研究，建立了双向的、动态的研究框架，逐渐形成了"新产业组织学"的理论体系（泰勒尔，2003）。

如今，博弈论已成为产业组织研究中占主导地位的研究工具，凭借这样的工具，可以对诸如价格战（Berry，1994；Berry & Pakes，1995；Chang，2004）、广告（Huang et al，2002；Li et al，2002；Nguyen & Shi，2006）、限制性定价（Bagwell & Ramey，1989；Milgrom & Roberts，1982）、合谋（Laffont & Martimort，2000；Tirole，1991；Vol，2010）、讨价还价（Rubinstein，1982）、战略联盟（Das & Teng，2000；Das & Teng，2001）、寡头垄断、供货商与顾客之间的合同性质、各种交易制度的采用等现象重新进行解释。

但也有人从另外一个角度来看待这个问题。Schmalensee（1988）指出，博弈论在分析不完全竞争方面存在两个不足：一是在不完全信息条件下，即使简单的多阶段博弈也有多重精炼贝叶斯纳什均衡，但如何处理该均衡的一般方法尚不清楚，而且假定具有有限理性的人能够解决实际生活中面临的复杂的多阶段博弈问题，似乎不切实际；二是大量使用非合作博弈模型的多重均衡结果对假设的细微变化都很敏感，使得均衡非常脆弱，对模型的检验也变得非常困难，博弈论模型的预测看上去非常精妙，但实际上却难以检验。除非博弈论分析能够得出令人信服的一般性预测或者被能做到这一点的其他理论所取代，否则就应相信，产业组织理论中最重要的成果主要来自实证研究，只有实证研究才能揭示出哪些理论模型是"空盒子"，哪些理论模型具有广泛的应用性[①]。20世纪90年代以来，实证研究和案例研究又逐渐回归研究者的视野。

总的来说，由西方经济学家创立的经济增长理论和产业组织理论更多地描绘发达经济增长的图景和经济内产业组织结构的特征。例如，索洛教授早年提出了计算全要素生产率的方法，并估计美国80%的经济增长是来自于全要素生产率的增长（Solow，1957）。随后出现了较多运用增长核算方法来测定要素和全要素生产率贡献的文章，这些文章大都使用发达国家数据进行经验研究，原因之一是发达国家的统计较为完备，获取数据的成本较低。产业组织结构理论同样如此，根据马克思主义的基本原理，自由竞争到垄断是资本主义发展的客观规律，产业组织理论的创立恰恰是讨论垄断和效率的关系，并由此产生完全对立的哈佛学派和芝加哥学派，说明在当时的美国等西方发达国家，垄断已经是经济中的常态，产生的影响也不容忽视。

其次，这两套理论的发展依然和发达国家的发展息息相关。根据新古典经济学的基本假设，因为要素的边际报酬递减，长期来看经济将趋于停滞。换句话说，经济增长是意外而非常态，这已经被工业革命以前几千年的人类发展史所验证，也是"马尔萨斯陷阱"提出的理论基础。"二战"后各国经济增长的巨大差异使得以趋同为特征的新古典增长理论失去解释力，应运而生的内生增长理论则是去验证经济增长的基因如何内生在发达国家的经济体当中。而发展阶段的产业组织理论开始运用博弈论这样的数学工具，作为纳什均衡早期版本"古诺模型"，就是去解决具有一定经济影响力的寡头之间是如何做出经济决策、产生何种经济影响的，博弈论的大发展更是将企业间交互性质的分析发展到了极致。

植根于西方较发达国家的经济理论，如果不考虑理论的假设和现实的局限条件，直接套用到发展中国家，会产生明显的水土不服。比如，根据经济增长理论，一个经

---

① Schmalensee R. Industrial economics: An overview [J]. Economic Journal, 1988, 98(392): 643-681.

济体要实现增长，要满足一系列的条件，比如高度市场化的环境、人力资本的提升、较少的腐败等，但这些实际都是经济增长的必要条件，是带入西方发达国家的数据进入模型所得出的结论，这些结论当然重要，但是不能告诉发展中国家如何增长。产业组织理论似乎更多的关注已经进入成熟期和衰退期的产业——芝加哥学派更像在描绘成熟期，即企业效率提升实现规模经济从而做大做强而形成了垄断，而哈佛学派则是阐述衰退期，企业达到垄断地位后，倾向于维护垄断地位，获得垄断利润。而博弈论则用以分析这些企业的具体行为。而发展中国家，特别是对于一些发展较快的国家，经济体内的单个产业快速成长，新企业不断涌现，产业总体收入和增加值不断提高，产业组织结构则出现逆集中化的趋向，这是典型的处于快速成长期产业的特征。

因此，尽管经济增长理论和产业组织理论有着明确的分析范式和研究结论，在将这些理论和结论分析中国产业发展的过程中，还应该秉持实事求是的科学态度，认真研究其理论假设和中国产业发展实际情况之间的关系。此外，在产业增长的过程中，其产业的组织结构也大多发生变化，而这种产业组织的变化和产业增长的关系并不是上述理论的关注点，本研究希望引入新的理论来将产业的增长和结构联系起来。

第三节 经济发展理论与新结构经济学

发展经济理论作为指导发展中国家如何摆脱贫困、实现工业化、提高收入水平、取得经济增长的经济学分支应运而生。发展经济学自身的发展大致经历的三个阶段，在发展经济理论的形成时期，经济学家们普遍持结构主义观点，即发展中国家之所以贫穷落后，根本原因在于其产业结构和发达国家有很大不同——发达经济的工业比重较高，农业比重低，发展中国家正好相反。对此，结构主义经济学家大多强调市场失灵，主张国家干预，支持工业化，并以进口替代和贸易保护为主要发展战略。但是，在执行结构主义的发展战略后，许多拉美国家并没有取得预期中的经济增长，反而在1982年爆发了债务危机，使得发展经济学的思潮发生了转变，走向另一个极端。在发展经济学的2.0版本中，结构主义褪色，自由主义开始盛行，以经济自由化和财产私有化为特征的"华盛顿共识"成为思想的主流，但同样，拉美国家取得成功的案例寥寥无几。

就在拉美国家在经济思潮的影响下摇摆不定时,"东亚四小龙"——中国香港、韩国、新加坡和中国台湾——在没有理论支撑的情况下,因地制宜,采用当时普遍不被外界看好的出口导向型发展战略,在20世纪60~90年代实现了年均经济增速7%的高速发展。而中国作为最大的发展中国家,1978年人均GDP仅有200美元,工业体系落后,二元结构明显,经过40年的改革开放,人均GDP超过8800美元,经济总量世界第二。在总结这些国家和地区成功经验的诸多理论中,有一种理论是沿着发展经济学的思维脉络,批判并继承了发展经济学的理论成果,由林毅夫教授创立,被称为"新结构经济学"。

按照林毅夫教授的说法,"新结构经济学"提出了"一种新古典主义的方法来研究经济结构的决定因素和动态发展过程",并认为"一个经济体的经济结构内生于它的要素禀赋结构,持续的经济发展是由要素禀赋的变化和持续的技术创新推动的"。一个经济体给定时间点的要素禀赋结构决定了其比较优势,比较优势又决定了该经济体的最优产业结构[①]。当经济体按照给定要素禀赋结构所决定的比较优势发展它的产业时,经济体将最富竞争力,资本积累最快。随着要素禀赋结构的升级[②],要素相对价格的变化会导致经济体的比较优势随之改变,从而推动其产业结构的转变。

在林毅夫教授看来,"新"与"旧"结构经济学的相同之处在于二者都着眼于发展中国家和发达国家之间经济结构的差异,并且都认为,在经济发展过程中,政府可以起到积极作用。但二者在政府干预的目标和方式方面,都有深刻的差异,"旧"的结构经济学认为发展中国家的政府应该通过直接的行政手段和价格扭曲来优先发展资本密集型产业——这违背了比较优势,新结构经济学则强调市场在资源配置中的核心作用,认为政府应解决外部性和协调问题。本质上,"旧"的结构经济学认为产业结构是外生变量,而新结构经济学则认为其内生于经济体的要素禀赋结构。

接下来简单介绍"新结构经济学"的理论与模型。

一、理论与模型

(一)单产品经济

首先假定经济体有劳动力(L)和资本(K)两种生产要素,可以用于生产一种产品(图2-1),等产量曲线Q代表生产相同产量时不同的要素组合。该经济体选择何

---

① 最优产业结构是指能够让该经济在国内市场和国际市场实现最强竞争力的产业结构。
② 由劳动力和自然资源相对丰裕转变为资本相对丰裕。

种要素组合生产该产品取决于两种生产要素的相对价格,劳动力和资本的相对价格决定了等成本线的位置,当劳动力的相对价格较低,等成本线较为平坦;当资本的相对价格较低,等成本线较为陡峭。在开放竞争的市场中,经济体中的厂商要根据等产量线和等成本线相切的位置来选择生产要素组合以保证生产的成本最低。例如,当等成本线为 CC 时,B 点的要素组合成本最低,因为离开 B 点的任意一点,如 A 点,会由于等成本线的外移而成本上升,同理,如果等成本是 DD 线,则 A 点的要素组合成本最低。

这其实是经济学教科书中的一个标准模型(高鸿业,2015;萨缪尔森,诺德豪斯,2004),在该模型中,生产产品所选择的要素组合决定于等成本线的斜率,等成本线的斜率实际上取决于该经济体内劳动力和资本的相对丰富程度,或者说要素的禀赋结构。如果劳动力相对丰裕,等成本线类似图中的 CC 线;相反,如果资本相对丰裕,等成本线则类似于图中的 DD 线。一般来说,发展中国家和地区劳动力相对丰裕,发达国家和地区资本相对丰裕。

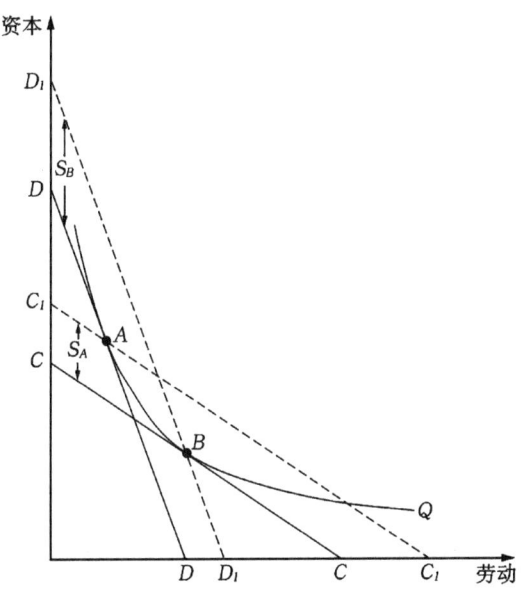

图 2-1 要素相对价格和产品的技术选择

(二)单产业经济中的产品

将单产品模型扩展到产业层面,一个产业从上游到下游的链条中,包含了多种产品,这些产品的生产中,有需要资本较为密集的,例如新产品和技术的研发,也有需要劳动较为密集的,如产品组装。如图 2-2 所示,假定产业 I 有 Q_1、Q_2、Q_3 三种产品,

Q_1所需资本投入较大,Q_3所需劳动力投入较大,Q_2介于两者之间。每种产品都可以画出一条等产量线。在不同等产量线的基础上,将不同产品相同价值的点相连,就包络出各条等产量线的等价线I,线上的每个点代表不同要素组合所生产相同价值的不同产品。等成本线的位置,也就是要素禀赋结构决定了一个经济体应该生产一个产业的何种产品。如果等成本线是C_3C_3,意味着经济体的要素禀赋结构为劳动力丰裕,那么就应该生产Q_3;如果等成本线是C_1C_1,意味着资本较为丰裕,那么应该生产Q_1。

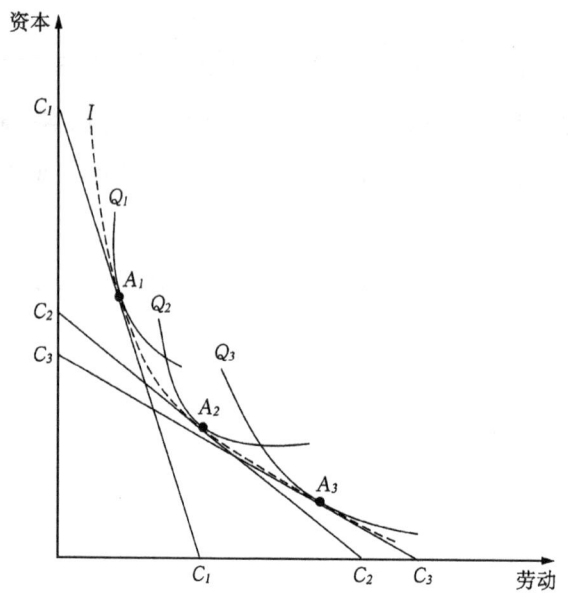

图2-2 要素相对价格和某一给定产业中不同的产品选择

(三) 多产业中产品和产业选择

将模型扩展到整个经济。如图2-3所示,一个经济体有许多产业,假定有三个产业分别以I、J、K三条等价线表示,每个产业中包含多种产品,每种产品可以有不同的要素组合进行生产。图中,K产业贴近资本轴,属于资本密集型产业,相反I产业属于劳动密集型产业。在资本价格较低、劳动力价格较高的发达国家,等成本线较为陡峭,类似于图中的DD线。根据要素禀赋结构生产K产业中的QK_1和J产业中的QJ_2产品具有比较优势。等成本线CC则反映了劳动力价格较低、资本价格较高的发展中国家和地区的要素禀赋结构,这样的经济体应该生产I产业中的QI_1产品和J产业中的QJ_1产品以发挥比较优势。

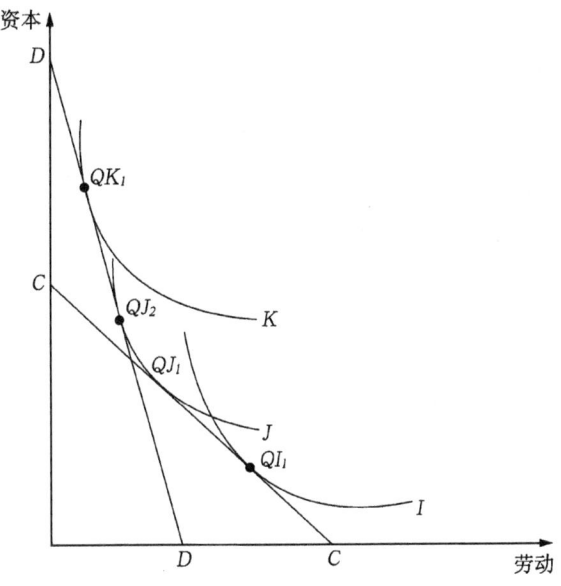

图 2-3 要素相对价格与产业选择

在三个模型中，如果企业按照要素禀赋结构的比较优势进行生产，那么该企业是具备自生能力[①]的。相反，对于一个经济欠发达的国家和地区，要素禀赋呈现出劳动丰裕的特征，发展资本密集型产业就不符合要素禀赋的比较优势，这样的企业就不具备自生能力，需要政府提供额外的补贴才能生存，这部分解释了为什么大量发展中国家按照结构主义思潮大力发展重工业而无法取得经济增长。

动态地看，一个经济体按照比较优势配置资源，企业具有自生能力，该经济体资本积累提升得最快，从而导致其要素禀赋特征发生变化，使得比较优势发生转换，因此，企业需要对产品进行调整，产业需要转型。例如，图 2-3 中，随着资本相对丰裕度的提高，等成本线从 CC 转换到 DD 线，继续生产 I 产业中的 QI_1 产品和 J 产业中的 QJ_1 产品则违背了新的比较优势，这时，经济体中的企业应转而生产 J 产业中的 QJ_2 产品或者 K 产业中的 QK_1 产品，才能具备自生能力。

二、质疑与思辨

和任何一种发展中的理论一样，基于新古典理论的新结构经济学同样面临着质疑，

[①] 林毅夫教授提出了自生能力这个概念，即在一个自由、开放、竞争的市场中，一个正常经营管理的企业，在不需要外力的扶持保护下，即可预期获得可以接受的正常利润的能力。换句话说，如果一个企业通过正常的经营管理预期能够在这样的市场中赚取社会可接受的正常利润，那么这个企业是有自生能力的，否则，这个企业就是没有自生能力的。

其中的绝大部分来自以下两个方面。

（一）政府的作用与行为

新结构经济学强调"有为政府"，并在比较优势理论和后发优势理论的基础上，提出了"增长甄别和因势利导框架"，为政府制定产业政策提出了具体的行动指南（Lin et al，2011）。对此，韦森（2013）指出"新结构经济学的发展框架，是否建立在政府领导人利他、仁爱和无私的假说之上？"以及"如何避免政府领导人运用手中的权力和掌控的资源进行寻租"[①]。张曙光（2013）指出，"作者（林毅夫）实际上立足了一个好人政府：政府和官员都一心一意谋发展"[②]。黄少安（2013）认为，"在林毅夫的理论中，政府好像既是一个好政府，又是一个能力很强或标准很高的政府……问题是，政府的激励或动力何在？有没有信息获取和比较优势甄别的能力？"[③]。张军（2013）指出，《新结构经济学》提出，政府的角色不是去替代市场和扭曲市场，而是去弥补市场缺陷……他们（秉持新古典经济学思想的经济学家）不相信这些方面政府比市场做得更好"[④]。

对此，林毅夫教授回应道："在理性人的假设下，政府领导人是'好'是'坏'并非必然……总结发达国家和发展中国家在现代社会中经济发展成功和失败的经验，提出一个可供理性的政府领导人参考的理论，使其成为一个'好人'，在运用自由裁量权去追求个人的目标的同时也能满足社会和百姓的需要，这是经济学家的责任"[⑤]。

（二）产业升级的路径

如果说对政府作用和行为的讨论更多是基于理论层面的话，对《新结构经济学》指导产业升级的质疑更多来源于实践层面。例如，丹尼·罗德里克指出，"培育那些背离比较优势的产业不就是日本和韩国在转型时期做过的事情吗？不就是中国一直在成功进行的吗？""如果中国凭借其巨大的农村劳动力剩余，专门化生产它的要素禀赋决定的产品，那么它会像现在这样出口高级产品吗？"约瑟夫·斯蒂格利茨也指出"静态的生产效率要求韩国生产大米；如果韩国真这样做的话，它今天可能成为最高效的大米生产国之一。"张夏准同样认为"一个国家要想升级产业，就需要违背其比较

[①] 韦森．探寻人类社会经济增长的内在机理与未来道路——评林毅夫教授的新结构经济学理论框架[J]．经济学（季刊），2013(03):1051-1074.
[②] 张曙光．市场主导与政府诱导——评林毅夫的《新结构经济学》[J]．经济学（季刊），2013(03):1079-1084.
[③] 黄少安．《新结构经济学》侧评[J]．经济学（季刊），2013(03):1085-1086.
[④] 张军．"比较优势说"的拓展与局限——读林毅夫新著《新结构经济学》[J]．经济学（季刊），2013(03):1087-1094.
[⑤] 林毅夫．《新结构经济学》评论回应[J]．经济学（季刊），2013(03):1095-1108.

优势"[1]。

林毅夫教授从两个层面给出回应。第一个层面是，这些升级成功的国家，都利用了自身要素禀赋的特征，发展了符合比较优势的产业，取得了经济上的较快提升，为未来的产业升级储备了能量。"20世纪60年代韩国发展并出口的是服装、胶合板、假发等劳动密集型产品。""从明治年间、大正年间到昭和年间，日本出口最多的是生丝、茶叶和海产品……这些产业的成功使得日本的人均收入快速提升。""中国出口的产品大多是加工品……中国仅在劳动密集的装配环节和配件环节提供了附加值"。第二个层面是，产业升级应遵循"小步快跑"的方式，即随着人均积累的增加，比较优势发生转变，使得违背比较优势的产业逐渐具备了比较优势。"当韩国政府在1968年创办其世界级的国有浦项钢铁公司时，这项投资是建立在成功地发展了服装、胶合板、假发、鞋类和其他劳动密集型产业这一基础之上的。有了这些劳动密集型产业的成功，韩国积累了资本，其要素禀赋的资本密集度增加……让几家企业升级进入更加资本密集的产业有了必要性。"

总而言之，新结构经济学植根于微观经济理论，拓展了比较优势原理，将要素禀赋结构这一发展中国家和发达国家之间的关键差异带入经济体增长和结构的研究之中。这为旅行社业的研究开启了新的思路，本书下一章对中国旅行社业发展进行简要回顾，在此之后，将应用新结构经济学的理论框架，分析旅行社业的增长和结构问题。

---

[1] 丹尼·罗德里克、约瑟夫·斯蒂格利茨以及张夏准对新结构经济学的评论以及下文林毅夫的回应文章，详见《新结构经济学——反思经济发展与政策的理论框架（增订版）》，北京大学出版社2014年版，林毅夫著，苏剑译。

第三章
中国旅行社业的发展历程回顾

本章简要回顾中国旅行社业的发展历程，将国务院先后出台的《旅行管理暂行条例》《旅行社管理条例》和《旅行社条例》作为划分旅行社业发展不同阶段的标志，讨论改革开放四十年来中国旅行社业制度变迁、产业规模和市场范围的变化情况，以期获得中国旅行社业发展的全貌，为进一步增长和结构的分析奠定基础。

第一节　第一阶段（1979—1984年）

中国旅行社业的起步阶段。中国的第一家旅行社①成立于1923年。在1979年以前，也只有两家旅行社②作为政治接待而设立。随着中国的改革开放，旅行社业才得以作为一个行业开始发展并成长起来。

中国的改革开放初期，百废待兴，尤其是需要国外的资金和技术，因此，在这个阶段，旅行社业乃至整个中国旅游业，都是以创汇为主要目的。但同时，旅游市场基本处于停滞阶段，从新中国成立到1977年，全国入境游客接待量合计不到70万人次，迫切需要对体制机制进行改革，发挥市场的作用，促进入境旅游业的发展。

1981年11月，中国旅行游览事业管理总局发布《关于统一旅游对外联络工作的

---

① 1923年8月1日，第一家由中国人创办的旅行社——上海商业储蓄银行旅行部（1929年改名为中国旅行社）宣告成立，创办人是民国时期著名银行家陈光甫。

② 一家是1954年由国务院批准成立的"中国国际旅行社（后称'国旅'）"总社及其分社；另一家是1957年由各地的华侨服务社组建而成的"华侨旅行社"（1974年改名为"中国旅行社（后称'中旅'）"总社及其分社。两者都是由总社负责外联业务，各地分社负责接待业务。

规定》，其中指出："旅游对外联络工作由中国国际旅行社总社和中国旅行社统一进行，非旅游部门不得经营对外业务"[①]。标志着中国旅行社政企分开的第一步。1984年12月，国务院批转国家旅游局《关于当前旅游体制改革几个问题的报告》，要求实行旅行社的企业化。对全国性的旅行社，其业务归口国家旅游局领导；地方性的旅行社，归口地方旅游行政管理部门领导。下放外联权和签证通知权：各省、自治区、直辖市均有外联权，但地方外联必须严格服从统一的综合平衡。这一政策直接打破了由国旅和中旅垄断外联权的情形，各个地方的旅行社也开始加入入境旅游客源的争夺。

在这一阶段，由于拥有外联权，国旅和中旅成为入境游客接待的主力军。1980年，两家旅行社接待的入境游客占有组织接待人数的比例高达78.7%。随着入境游客人数的快速增长，这两家旅行社的接待能力并不能同步提高，因此承担入境游客接待的旅行社和旅游服务组织随之增加，国旅和中旅接待入境游客的比例随之下降。1984年，这两家旅行社接待的入境游客占有组织接待人数的比例下降到49%。

在这一阶段，几乎旅行社的所有业务都是为入境旅游市场服务的，国内旅游市场和出境旅游市场几乎没有发育。

第二节 第二阶段（1985—1996年）

一、制度约束

这一阶段开始的一个重要标志是，国务院于1985年5月颁布了《旅行社管理暂行条例》。在《暂行条例》中，对旅行社进行了分类（表3-1），其中，一类社可以从事完整的入境外联、接待和国内旅游业务；二类社可以从事入境接待业务和国内旅游业务；三类社只能从事国内旅游业务。相应的，一类社的设立要报国家旅游局审批，注册资本需要50万元；二类社的设立需要报相应的省、自治区、直辖市审批（中央一级报国家旅游局），注册资本要求25万元；相应三类社的进入门槛较低，进行仅需要报所在地的行政管理部门审批即可，注册资本为3万元。

---

① 本章一部分历史性的政策规定引自吕宁博士著作《中国旅行社业市场开发研究——从专营市场到完全竞争市场》，不一一指出。

表 3-1 《旅行社管理暂行条例》对旅行社的分类

	一类社	二类社	三类社
概念	经营对外招徕并接待外国人、华侨、港澳同胞、台湾同胞来中国、归国或回内地旅游业务的旅行社	不对外招徕,只经营接待第一类旅行社或其他涉外部门组织的外国人、华侨、港澳同胞、台湾同胞来中国、归国或回内地旅游业务的旅行社	经营中国公民国内旅游业务的旅行社
条件	有符合国家规定的旅行社章程		
	有一定的组织机构和法定代表,有固定的办公或营业场所和必要的通信设备;		有固定的办公地点或营业场所
	注册资本50万元	注册资本25万元	注册资本3万元
	有为旅行者提供符合条件的食、宿和交通等项服务的组织能力		有按照经营的业务范围,向旅行者提供符合服务要求的组织能力
	有能保证服务质量和进行正常业务活动、熟悉旅游业务的经理人员、工作人员和经过考核合格的翻译导游人员		有熟悉旅游业务的管理人员和服务人员
	地方上,应向所在省、自治区、直辖市旅游局提出申请,报国家旅游局审批;中央一级的部门,向国家旅游局申请审批	地方上,须经所在省、自治区、直辖市旅游局审查批准;中央一级的部门,须经国家旅游局审查批准	经所在地旅游行政管理部门审查批准

注:"招徕"指旅行社按照主管部门批准的业务范围,在国外、国内开展宣传推销的业务,组织招揽游客的工作;"接待"指旅行社根据旅行者的要求,安排食宿、交通工具、活动日程、组织游览。

在这一阶段,中国旅行社业开始了引入外资的尝试。1992年,国务院46号文件发布《关于试办国家旅游度假区有关问题的通知》。该通知决定,区内可开办中外合资经营的第一类旅行社,经营区内的海外旅游业务。紧接着1993年,国家旅游局出台了《关于在国家旅游度假区内开办中外合资经营第一类旅行社的审批管理暂行办法》,对国际旅游度假区内开办中外经营的第一类旅行社须具备的条件、经营范围、审批程序及享受的政策等做出规定:一家外方企业原则上只能在一个国家旅游度假区内与中方企业合资开办一家旅行社;度假区试办阶段,每个国家旅游度假区原则上只批准一家中外合资经营的第一类旅行社,其经营范围主要是海外旅游者到本度假区或以本度假区为目的地之一的业务,不得涉及国内旅游者的出境等业务,并不得在境内其他地方设立经营性分支机构。《办法》的出台标志着中国旅行社业对外开放的启动。

二、规模与三大市场业务

旅行社行业相关法规的逐步建立,引导着旅行社向规范化的方向发展,旅行社业的规模也不断扩大。表3-2显示,旅行社总数从1987年的1245家增长到4954家,翻了两番。在三类旅行社中，一类社由1987年的17家增长到1996年的352家，三类社由551家增长到3995家，与此形成鲜明对比的，二类社的数量几乎没有变化。旅行社在接待入境游客整体规模变化不大（图3-1）的情况下，一类社的数量却有大幅增加，意味着在入境业务的竞争上变得激烈起来，而二类社处于产业链的上游，只能从事入境接待业务，则自然没有扩张的冲动，所以二类社在这几年间，数量不仅没有增加，反而有所下降。

表3-2 1987—1996年中国旅行社数量变化

年份	一类社（家）	二类社（家）	三类社（家）	总计（家）
1987	17	677	551	1245
1988	44	811	718	1573
1989	61	834	722	1617
1990	68	834	701	1603
1991	73	738	750	1561
1992	136	701	1755	2592
1993	164	703	2371	3238
1994	267	716	3399	4382
1995	360	665	2801	3826
1996	352	607	3995	4954

数据来源：1988—1997年《中国旅游统计年鉴》。

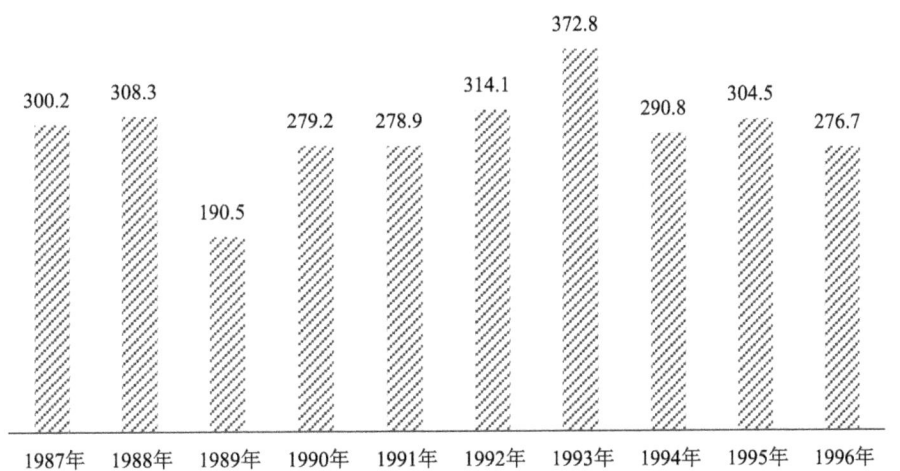

图3-1 1987—1996年中国旅行社外联入境游客人数（万人次）

在这个阶段，旅行社的国内旅游市场已经初具规模，表3-3显示，1994年共接待国内游客1989.6万人次，1996年增长到2492万人次。国民旅游需求的上升不断刺激着三类社的规模扩张。

表3-3　1994—1996年中国旅行社接待国内旅游者情况表

年份（年）	接待国内游客人数（万人次）	占国内旅游总人数比例（%）	增长率
1994	1989.6	3.8	—
1995	1882.1	3.0	-5.4%
1996	2492	3.9	32.4%

注：接待国内游客的统计包括国内过夜游客和一日游游客；
旅行社接待国内游客的统计从1994年才开始，数据来源于1995—1997年《中国旅游统计年鉴》。

出境旅游市场从90年代初开始发育，1990年10月，国家旅游局颁布《关于组织中国公民赴东南亚三国旅游暂行管理办法》，规定：组织中国公民赴东南亚三国旅游的业务，由国家旅游局统一领导和管理，授权中国国际旅行社总社、中国旅行社总社、中国青年旅行社总社、广东省旅游局直属的广东海外旅游总公司、广东省中国旅行社、福建省旅游局直属的福建省海外旅游实业总公司、福建省中国旅行社承办此项业务，未经国家旅游局批准，其他旅行社不得擅自经营中国公民赴东南亚三国旅游的业务。次年1月，国务院批复国家旅游局，批准增加海南省旅游总公司承办中国公民赴东南亚三国旅游。从此，开启了旅行社的出境旅游业务。

1993年，由旅行社组织出境的游客为72万人次，占出境总人数的19.3%，1996年增长到164万人次，占出境总人数比重达32.4%（见表3-4）。

表3-4　1992—1996年游客出境情况

年份（年）	出境总人数（万人次）	增长率（%）	旅行社组织出境		
			人数（万人次）	增长率（%）	占出境总人数比例（%）
1992	292	—	—	—	—
1993	374	28.1	72	—	19.3
1994	373	-0.3	110	51.8	29.4
1995	452	21.2	126	14.7	27.9
1996	506	11.9	164	30.2	32.4

数据来源：1993—1997年《中国旅游统计年鉴》。

在这一阶段后期，一项比较重要的制度安排是旅行社的质量保证金制度的出台和实施。国家旅游局于1995年1月先后颁布实施《旅行社质量保证金赔偿暂行规定》和《旅行社质量保证金赔偿暂行规定实施细则》。根据规定，旅行社缴纳保证金的金额为：经营国际旅游招徕和接待业务的旅行社（一类社）60万元；经营国际旅游接待业务的旅行社（二类社）30万元；经营国内旅游业务的旅行社（三类社）10万元；特许经营出国（出境）旅游业务的旅行社另缴100万元。保证金赔偿的范围包括：旅行社因故意或过失，未达到合同约定的服务质量标准而造成旅游者的经济权益损失；旅行社的服务未达到国家或行业规定的标准而造成旅游者的经济权益损失；因旅行社歇业、解散、破产或合并而造成预收旅行费损失；国家旅游局认定的其他应该用保证金赔偿的情形。

保证金制度的出台直接导致效益较差的中小旅行社的退出，1995年当年，二类社从716家下降至665家，三类社从3399家下降至2801家。

第三节 第三阶段（1997—2009年）

一、制度约束

1996年10月，李鹏总理签发第205号国务院令《旅行社管理条例》。该条例取消了旅行社按一、二类划分的标准，只按照国内业务和国际业务划分旅行社，这是旅行社管理体制的重大改革。如表3-5所示，在《管理条例》中，提高了准入门槛，设立国内旅行社的注册资本提高到30万元，设立国际旅行社的注册资本提高到150万元。质量保证金基本沿用1995年颁布的《旅行社质量保证金赔偿暂行规定》和《旅行社质量保证金赔偿暂行规定实施细则》，国内旅行社需要缴纳10万元的质量保证金，国际旅行社需要缴纳60万元，如果国际旅行社开展出境旅游业务还需要再补缴100万元。此外，《管理条例》首次对旅行社开设非法人分社做出规定，接待游客10万人/年以上的旅行社可以开设分社，每开设一家，国内旅行社需要分别增加注册资本15万元，质量保证金5万元，国际旅行社则需要分别增加75万元和30万元。

表 3-5 《旅行社管理条例》对旅行社的分类

		国际旅行社	国内旅行社
设立条件	经营范围	入境旅游业务、出境旅游业务、国内旅游业务	国内旅游业务
	基本条件	有固定的营业场所；有必要的营业设施；有经培训并持有省、自治区、直辖市以上人民政府旅游行政管理部门颁发的资格证书的经营人员	
	注册资本	150万元	30万元
	质量保证金	60万元/入境、100万元/出境	10万元
	申请	应当向所在地的省、自治区、直辖市人民政府管理旅游工作的部门提出申请；省、自治区、直辖市人民政府管理旅游工作的部门审查同意后，报国务院旅游行政主管部门审核批准	应当向所在地的省、自治区、直辖市管理旅游工作的部门申请批准
	审批	旅游行政管理部门应当自收到申请书之日起30日内，根据是否符合旅游业发展规划，是否符合旅游市场需要，做出批准或者不批准的决定，并通知申请人	
分社设立条件	基本条件	接待旅游者10万人次以上	
	注册资本	增加75万元	增加15万元
	质量保证金	增加30万元	增加5万元

注：该分社没有法人资格。

  这一阶段，外资开始进入中国的旅行社市场。尽管在1993年国家旅游局发布了允许在国家旅游度假区内开办合资旅行社的管理办法，但第一家合资企业的成立要到1998年。1998年5月，国旅总社、云南旅游集团股份有限公司和瑞士力天集团在云南滇池国家旅游度假区设立的云南力天旅游有限公司[①]是中国开设的第一家中外合资旅行社。1998年10月，国务院批准了《中外合资旅行社试点暂行办法》，由国家旅游局和外经贸部负责组织实施，正式打开了旅行社业开放之门。新办法不再限定合资试点的地域范围，突破了国家旅游度假区的限制。在经营范围上，合资旅行社的经营范围明确为入境旅游和国内旅游，同时也设定了相应的进入壁垒[②]。

  2003年6月，国家旅游局和商务部联合发布了《设立外商控股、外商独资旅行社暂行规定》。同年7月，国家旅游局批准"日航国际旅行社（中国）有限公司"作为第一家外商独资旅行社进入中国市场；12月，该公司在北京正式成立，标志着中国旅行社业全面参与国际竞争。同一天，首家由外方控股的旅行社"中旅途易旅游有限公司"在北京正式成立，比中国加入世贸组织时承诺的时间提前了4年。2004年年初，上海

[①] 该公司于2017年9月变更为国外法人独资的有限公司。
[②] 关于合资和下一段要讲到的外商独资及控股旅行社的进入壁垒，详见第四章。

第一家外资控股旅行社"上海锦江国际 BTI 商务旅行有限公司"开始营业。2004 年 7 月，日本"全日空国际旅行社（中国）有限公司"继日航国际旅行社（中国）有限公司之后，成为国家旅游局批准成立的第二家外商独资旅行社。

2005 年，国家旅游局和商务部共同发布第 20 号令，对《设立外商控股、外商独资旅行社暂行规定》做出修订，对外资旅行社实行全国投资开放，进一步减低注册资本和其他准入门槛。

二、规模变化

表 3-6 显示，这一阶段旅行社的总量翻了两番，从 1997 年的 4986 家发展到 2008 年的 20 110 家，其中，国内旅行社的增速高于国际旅行社，国内旅行社从 3995 家增长到 18 140 家，年均增长 14.7%；国际旅行社从 1997 年的 991 家增长到 2008 年的 1970 家，年均增长 6.4%。但从增速的变化趋势上看，国际旅行社增速逐渐上升，从 2000 年的 1% 上升到 2008 年的 9.6%；而国内旅行社正好相反，增速逐年下降，从 2000 年的 27.3% 下降到 2008 年的 5.8%。

表 3-6　1997—2008 年中国旅行社数量变化

年份（年）	国际旅行社		国内旅行社		
	数量（家）	增长率（%）	数量（家）	增长率（%）	总数（家）
1997	991	—	3995	—	4986
1998	1312	32.4	4910	22.9	6222
1999	1256	-4.3	6070	23.6	7326
2000	1268	1.0	7725	27.3	8993
2001	1310	3.3	9222	19.4	10 532
2002	1349	3.0	10 203	10.6	11 552
2003	1364	1.1	11 997	17.6	13 361
2004	1460	7.0	13 467	12.3	14 927
2005	1556	6.6	14 689	9.1	16 245
2006	1654	6.3	16 303	11.0	17 957
2007	1797	8.6	17 146	5.2	18 943
2008	1970	9.6	18 140	5.8	20 110

数据来源：1998—2009 年《中国旅游统计年鉴》。

这一阶段从资产变化看（表3-7），从2002年到2008年，旅行社业整体资产总额平均增速为4.0%，其中，国际旅行社的平均增速（4.4%）略高于国内旅行社（3.2%），但都低于同期旅行社数量的增长速度。

表3-7 2002—2008年旅行社资产总额变化

年份（年）	资产		国际旅行社		国内旅行社	
	总额（亿元）	增长率（%）	总额（亿元）	增长率（%）	总额（亿元）	增长率（%）
2002	412.25	—	272.0850	—	140.1650	—
2003	387.85	−5.9	256.4464	−5.7	131.4036	−6.3
2004	424.38	9.4	270.9242	5.6	153.4558	16.8
2005	419.26	−1.2	275.8312	1.8	143.4288	−6.5
2006	484.8	15.6	333.2515	20.8	151.5485	5.7
2007	517	6.6	332.7929	−0.1	184.2071	21.5
2008	521.86	0.9	352.8817	6.0	168.9783	−8.3

数据来源：2002—2008年《全国旅行社业务年检情况通报》。

这一阶段，从业人员人数的增长率高于资产总额，表3-8显示，2002—2008年，旅行社业整体从业人数年均增长5.8%，其中，国际旅行社从业人员数年均增长6.6%，国内旅行社5.3%。

表3-8 2002—2008年旅行社从业人员数量变化

年份（年）	从业人员数		国际旅行社		国内旅行社	
	值（人）	增长率（%）	值（人）	增长率（%）	值（人）	增长率（%）
2002	229 100	—	89 096.99	—	140 003	—
2003	249 800	9.0	90 827.28	1.9	158 972.7	13.5
2004	246 200	−1.4	84 939	−6.5	161 261	1.4
2005	248 900	1.1	88 807.52	4.6	160 092.5	−0.7
2006	293 318	17.8	110 434.2	24.4	182 883.8	14.2
2007	307 977	5.0	122 236.1	10.7	185 771.7	1.6
2008	321 655	4.4	130 656.3	6.9	190 998.7	2.8

数据来源：2002—2008年《全国旅行社业务年检情况通报》。

三、三大市场业务

1997年,国家明确提出了"大力发展入境旅游,积极发展国内旅游,适度发展出境旅游"的方针。这三大市场均取得了不同程度增长。表3-9显示,入境外联人数从1997年的303.8万人增长到2009的1781万人,年均增长15.9%;入境接待人数从2000年的1143.81万人增长到2009年的1873.4万人次,年均增长5.6%。

表3-9 1997—2009年中国旅行社入境外联和接待游客情况

年份（年）	外联			接待	
	人数（万人次）	增长率（%）	占过夜旅游者比例（%）	过夜人数（万人次）	增长率（%）
1997	303.8	9.8	12.8	650.1	5.6
1998	290.01	-4.5	11.6	483.86	-25.6
1999	384.52	32.6	14.2	709.79	46.7
2000	628.41	32.9	20.1	1143.81	34.2
2001	783.4	24.7	23.6	1453.6	27.1
2002	934.2	19.2	25.4	1761.5	21.2
2003	522.7	-44.1	15.9	896.8	-49.1
2004	834.8	59.7	20.0	1412.96	57.6
2005	936.1	12.1	20.1	1552.5	9.9
2006	1107.3	19.5	22.2	1854.8	19.5
2007	1373	24.0	23.6	2175.2	17.3
2008	1324.7	-3.5	22.8	2033.2	-6.5
2009	1781	34.4	24.4	1873.4	-7.9

注：外联人数指旅行社自组外联的入境游客人数,必须是过夜的入境旅游者才进入统计。2000年以后,接待人数指经过旅行社接待的过夜和一日游入境游客人数,所以2000以前和以后的数据不可比。

旅行社国内旅游业务规模持续扩大,如表3-10所示,2000年组团2664.8万人次,2009年增长到1.01亿人次,年均增长16%;2000年接待4272.5万人次,2009年增长到1.37亿人次,年均增长13.8%,接待人次占国内旅游总人数的比重一直在7%左右。

表 3-10　1997—2009 年旅行社组团和接待国内游客情况

年份（年）	接待城镇游客人数（万人次）	占城镇国内旅游总人数比例（%）	增长率（%）
1997	1528.1	5.9	—
1998	2125	8.5	39.1
1999	2274.7	8.0	7.1

年份（年）	组团		接待		
	人数（万人次）	增长率（%）	人数（万人次）	增长率（%）	占国内旅游总人数比重（%）
2000	2664.8	—	4272.5	—	
2001	3516.2	31.9	5894.4	38.0	5.8
2002	3830.3	8.9	7969	35.2	7.5
2003	3642.6	−4.9	6185.3	−22.4	9.1
2004	5730.7	57.3	9635.9	55.8	7.1
2005	6216	8.5	8089.4	−16.0	6.7
2006	7583.8	22.0	9622.6	19.0	6.9
2007	8424.5	11.1	10 631.7	10.5	6.6
2008	8541.1	1.4	10 440.1	−1.8	6.1
2009	10 123.5	18.5	13 696	31.2	7.2

注：1999 年前接待旅游者的统计包括国内过夜游客和一日游游客，2000 年以后旅行社组团和接待仅指国内过夜游客。

旅行社出境旅游业务快速发展，表 3-11 显示，1997 年旅行社组织的出境游客人数为 143 万人次，2009 年增长到 1235 万人次，年均增长 19.7%，旅行社组织出境游客人数占总人数的比重一直稳定在 25% 左右。

表 3-11　1997—2009 年出境游客规模情况

年份（年）	出境游客		旅行社组织出境		
	总人数（万人次）	增长率（%）	人数（万人次）	增长率（%）	占出境总人数比例（%）
1997	532	5.2	143	−12.8	26.9
1998	843	58.5	181	26.6	21.5
1999	923	9.5	250	38.1	27.1
2000	1047	13.4	430	72.0	41.1
2001	1213	15.9	370	−14.0	30.5
2002	1660	36.9	372	0.5	22.4

续表

年份（年）	出境游客		旅行社组织出境		
	总人数（万人次）	增长率（%）	人数（万人次）	增长率（%）	占出境总人数比例（%）
2003	2022	21.8	387	4.0	19.1
2004	2885	42.7	559	44.4	19.4
2005	3103	7.6	680	21.6	21.9
2006	3452	11.2	843	24.0	24.4
2007	4095	18.6	987	17.1	24.1
2008	4584	11.9	1091	10.5	23.8
2009	4766	4.0	1235	13.2	25.9

数据来源：1998—2010年《中国旅游统计年鉴》。

第四节 第四阶段（2010年至今）

（一）制度约束

2009年5月，国务院颁布了《旅行社条例》，对旅行社的管理制度进行了重大改革，取消了1996年条例中"管理"二字，本身就表明从对旅行社从管理向服务转变。如表3-12所示，在《旅行社条例》中，取消了国际旅行社和国内旅行社的分类，取而代之的是出境社和非出境社的分类。根据新的《条例》，设立旅行社，需要30万元的注册资本和20万元的质量保证金，经过所在地省、自治区、直辖市旅游行政管理部门或者其委托的设区的市级旅游行政管理部门批准，可以经营国内和入境旅游业务。在取得许可证两年，没有因侵害旅游者合法权益受到罚款以上的处罚，可以向国务院旅游行政主管部门或者其委托的省、自治区、直辖市旅游行政管理部门提出申请经营出境旅游业务，获得批准后，需要增加质量保证金120万元。

表3-12 《旅行社条例》对旅行社的分类

		旅行社	
		出境社	非出境社
设立条件	经营范围	出境/入境/国内旅游业务	入境/国内旅游业务
	基本条件	有固定的营业场所；有必要的营业设施	
	注册资本	30万元	

续表

		旅行社	
		出境社	非出境社
设立条件	质量保证金	增加120万元	20万元
	申请条件	旅行社取得经营许可满两年，且未因侵害旅游者合法权益受到行政机关罚款以上处罚的，可以申请经营出境旅游业务	无
	申请	向国务院旅游行政主管部门或者其委托的省、自治区、直辖市旅游行政管理部门提出申请	向所在地省、自治区、直辖市旅游行政管理部门或者其委托的设区的市级旅游行政管理部门提出申请
	审批	受理申请的旅游行政管理部门应当自受理申请之日起20个工作日内做出许可或者不予许可的决定	
分社设立	基本条件	无	
	质量保证金	增加30万元	增加5万元

在这一阶段，进一步放开了外商投资旅行社的经营权限。2010年8月，国家旅游局和商务部联合发布33号令《中外合资经营旅行社试点经营出境旅游业务监管暂行办法》，首先放开了合资旅行社的出境业务权限，随后的2011年，国家旅游局公布了第一批试点经营中国公民出境旅游业务的3家中外合资旅行社。但是，随后并没有如业界所预期的全面放开外商投资旅行社的出境旅游业务，截至2014年年底，仅新增了两家合资旅行社可以经营出境旅游业务。直到2017年9月，万程（上海）旅行社有限公司获批成为中国（上海）自由贸易试验区首家经营出境旅游业务的外商独资旅行社。

（二）规模变化

这一阶段旅行社数量增速趋缓，从2010年的22 784家增长到2016年的27 939家，年均增长3.5%，而且，近年来增速下降趋势愈加明显，2016年比2015年仅增加了318家旅行社。从业人员数的趋势变化和旅行社数量基本一致，从2010年到2016年均增长3.8%。相比之下，旅行社业的资产总额年均增长11.5%，远高于数量和从业人员的增长率（表3-13）。

表3-13 2009—2016年中国旅行社业规模情况

年份（年）	旅行社数量（家）	增长率（%）	资产总额（亿元）	增长率（%）	从业人员数（人）	增长率（%）
2009	20 399	—	585.96	—	340 894	—
2010	22 784	11.7	666.14	13.7	277 262	−18.7
2011	23 690	4.0	711.17	6.8	299 755	8.1
2012	24 944	5.3	839.55	18.1	318 223	6.2

续表

年份（年）	旅行社数量（家）	增长率（%）	资产总额（亿元）	增长率（%）	从业人员数（人）	增长率（%）
2013	26 054	4.4	1039.77	23.8	339 993	6.8
2014	26 650	2.3	1292.97	24.4	341 312	0.4
2015	27 621	3.6	1342.95	3.9	334 030	-2.1
2016	27 939	1.2	1277.90	-4.8	346 221	3.6

数据来源：2010—2016年《全国旅行社统计调查情况的公报》。

（三）三大市场业务

这一阶段，旅行社的入境旅游业务增长基本处于停滞状态，如表3-14所示，2010年旅行社入境外联人数1351.98万人次，2016也仅比2010年增长了93.72万人次，年均增长率仅为1.1%；入境接待游客规模在这一阶段不断下降，从2010年的2406.67万人次下降到2016年的1942.9万人次，下降了463.77万人次，年均增长率为-3.5%。

表3-14 2010—2016年中国旅行社入境外联和接待游客情况

年份（年）	外联			接待	
	人数（万人次）	增长率（%）	占过夜游客比例（%）	人数（万人次）	增长率（%）
2010	1351.98	7.2	24.3	2406.67	28.5
2011	1454.96	7.6	25.3	2280.81	-5.3
2012	1643.64	13.0	28.5	2366.61	3.8
2013	1447.52	-11.9	26.0	2047.15	-13.5
2014	1410.04	-2.6	25.4	2002.56	-2.2
2015	1416.3	0.4	24.9	1978.8	-1.2
2016	1445.7	2.1	24.4	1942.9	-1.8

数据来源：2010—2016年《全国旅行社统计调查情况的公报》。

这一阶段，旅行社国内旅游业务增速明显放缓，表3-15显示，组团人数从2010年的1.2亿人次增长到2016年的1.56亿人次，年均增速4.5%，远低于上一阶段的增速16%；接待人数从2010年的1.41亿人次增长到2016年的1.71亿人次，年均增速3.2%，同样远低于上一个阶段的13.8%。

表 3-15　2010—2016 年中国旅行社组团和接待国内游客情况

年份（年）	组团		接待		
	过夜游客人数（万人次）	增长率（%）	过夜游客人数（万人次）	增长率（%）	占国内旅游总人数比重（%）
2010	11 953.31	18.1	14 147.25	3.3	6.7
2011	13 710.75	14.7	16 900.5	19.5	6.4
2012	14 368.64	4.8	16 303.49	−3.5	5.5
2013	12 855.72	−10.5	14 519.5	−10.9	4.5
2014	13 116.66	2.0	14 457	−0.4	4.0
2015	13 676.1	4.3	15 335.5	6.1	3.8
2016	15 604.9	14.1	17 088.6	11.4	3.8

数据来源：2010—2016 年《全国旅行社统计调查情况的公报》。

这一阶段，旅行社的出境旅游业务依然保持高速增长，表 3-16 显示，旅行社组织出境游客人数从 2010 年的 1663.88 万人次增长到 2016 年的 5727.1 万人次，年均增长 22.9%，高于出境游客总人数的年均增长率 13.4%，由旅行社组织的出境游客占总出境游客比例也从 2010 年的 29% 大幅上升到 2016 年的 46.9%。

表 3-16　2010—2016 年出境游客规模情况

年份（年）	出境游客		旅行社组织出境游客		
	人数（万人次）	增长率（%）	人数（万人次）	增长率（%）	占出境总人数比例（%）
2010	5738.65	20.4	1663.88	34.8	29.0
2011	7025	22.4	2021.92	21.5	28.8
2012	8318.27	18.4	2830.57	40.0	34.0
2013	9818.52	18.0	3355.71	18.6	34.2
2014	10 700	9.0	3914.98	16.7	36.6
2015	11 700	9.0	4643.5	18.6	39.7
2016	12 200	4.3	5727.1	23.3	46.9

数据来源：2010—2016 年《全国旅行社统计调查情况的公报》。

第五节　中国旅行社业发展的显著特征

第一，从旅行社业的制度变迁看，放松管制成为四十年发展的主基调，采取渐进式改革的思路。

1978年以前，中国旅行社只有按行政和事业单位运转的国旅和中旅两家，可以说有旅行社而没有旅行社业。1980年成立了中国青年旅行社，随即进入三家旅行社的寡头垄断时代。那个时期，旅行社的主要任务是有组织地接待国际入境游客，以创汇为目标，对国内旅游采取"不宣传、不提倡、不反对"的三"不"方针。根据当时国家旅游局的规定，全国只有国、中、青三家总社拥有旅游外联的权力，并且之间有明确分工。中国国际旅行社主要接待外国来华旅游者，中国旅行社主要接待港澳同胞和来华旅游的海外华人，而中国青年旅行社则以来华的青年旅游者为主要接待对象。

改革的第一步是政企分开，并下放外联权，这项政策于1984年提出，并通过1985年颁布的《旅行社管理暂行条例》制度化，在《暂行条例》中明确规定，凡经批准开办的一类社就有外联权，并规定旅行社必须是企业。而且，在《暂行条例》中走出了改革的第二步，开放国内旅游市场，对经营国内旅游业务的旅行社，基本没有设置进入壁垒，这个政策此后一直得以延续。随后，持续降低旅行社开展入境旅游业务的门槛，在1996年颁布的《旅行社管理条例》中，将一类社和二类社合并成为国际社，并取消了经营入境旅游业务的产权限制，允许民营企业进入国际旅游市场，并且，在2009年的《旅行社条例》中，将经营入境旅游业务的要求和经营国内旅游业务保持一致。通过一系列的改革和市场准入，老牌旅行社的垄断被打破。例如，从接待规模上看，国中青三家旅行社占入境旅游市场的份额从1980年的80%持续下降到1996年的6.9%[①]（图3-2）。

[①] 数据来源于1981—1997年《中国旅游统计年鉴》。从1998年以后，国、中、青三大旅行社的经营数据被作为企业机密，不再发布在公开的统计年鉴中。

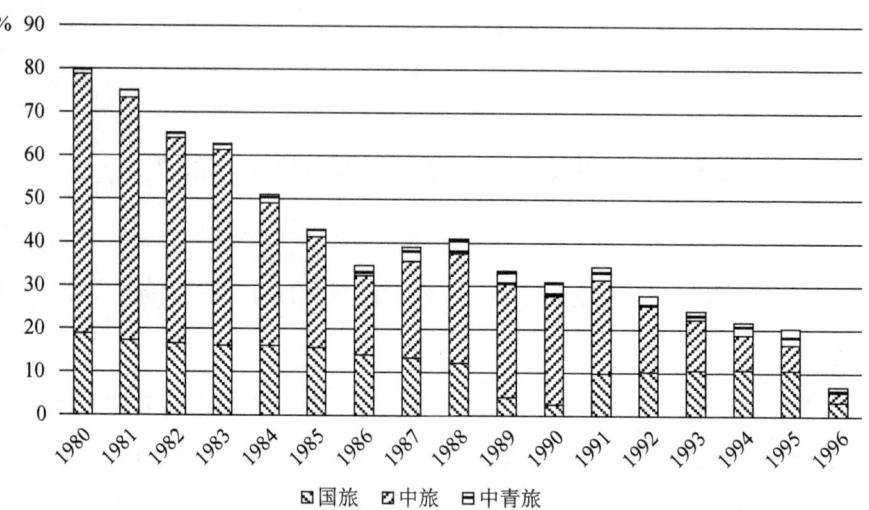

图 3-2　"国中青"三大旅行社接待入境游客占全部旅行社接待入境游客比重

对外资的进入中国采取"试点＋逐步开放"的方式，首先在特区进行试点，然后再推广，并按照合资、独资、控股这样的次序引入外资，在外资旅行社的选择上，通过经营、财务指标等一系列具体明确的规定力求筛选出优质旅行社进入中国市场，并逐步开放了入境旅游市场和国内旅游市场，既保证了吸引外资，引进国外旅行社先进管理经验的同时，又为中国旅行社业自身的发展争取了时间。

从时间节点上看，1996年以后中国旅行社业进入规范管理和全面发展时期。当年颁布的《旅行社管理条例》起到了很大的促进作用，在《管理条例》中，不仅取消了旅行社业的产权限制，还启用了保证金制度，为保障旅游者的权益设置了一道屏障。

第二，从中国旅行社业的产品的生命周期看，基本遵循入境旅游、国内旅游和出境旅游的发展次序。

中国的入境旅游业和改革开放是同步进行的，在改革开放初期，旅游业主要承担创汇功能，1982年，中国旅游服务贸易顺差为7.7亿美元，占国际贸易总顺差的比重为13.69%，到1996年，旅游服务贸易顺差为57.26亿美元，占比高达79.07%（郭振江，2015）。作为旅游业龙头的旅行社业，发挥了非常重要的作用。由旅行社外联和接待入境游客的规模也稳步增长，在2007年前后达到顶峰，但随着美国金融危机和欧洲债务危机的爆发，以及人民币升值等因素，入境旅游市场的发展趋于停滞，近几年，旅行社的入境旅游业务收入和利润增长趋于0（图3-3、图3-4）。

国内旅游市场和出境旅游市场则是随着中国综合国力的增强，人民收入水平的提高不断提升的。理论上说，两个市场产品的收入弹性均大于1，且出境旅游产品的弹性更高。因此，国内旅游市场率先发展起来，在第三阶段，保持规模和增速的双领先。但在第四阶段，旅行社的国内旅游业务收入和利润增速明显放缓，而出境旅游市场则依然保持高速增长，在2016年，中国旅行社业出境旅游业务收入和利润双双超过国内旅游业务（图3-3、图3-4）。

"先入境，后国内，再出境"符合一个发展中国家在向发达国家转变的过程中旅行社业普遍的发展次序。在发展初期，主要通过旅行社业的创汇功能发展经济，之后随着收入水平的提高，再依次发展国内旅游和出境旅游。

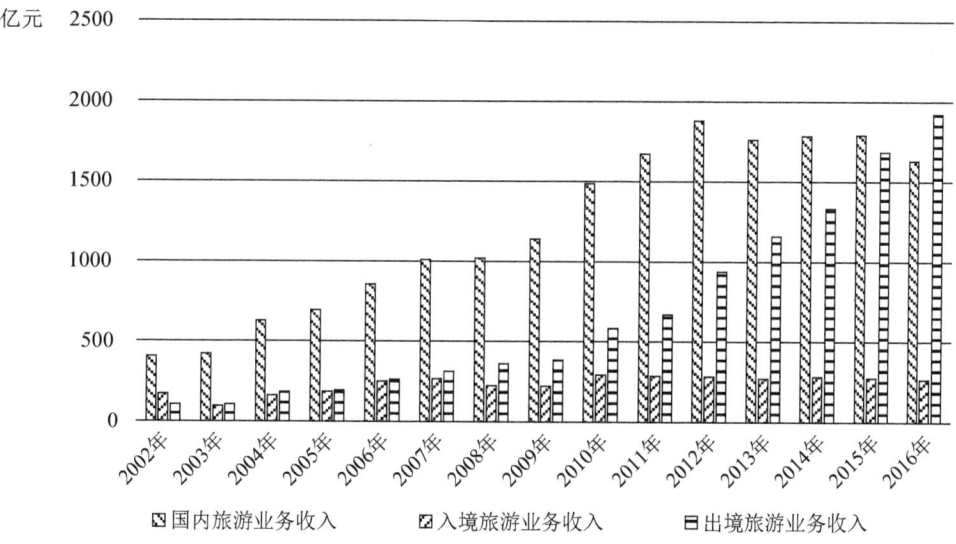

图3-3　2002—2016年中国旅行社业三大市场业务收入

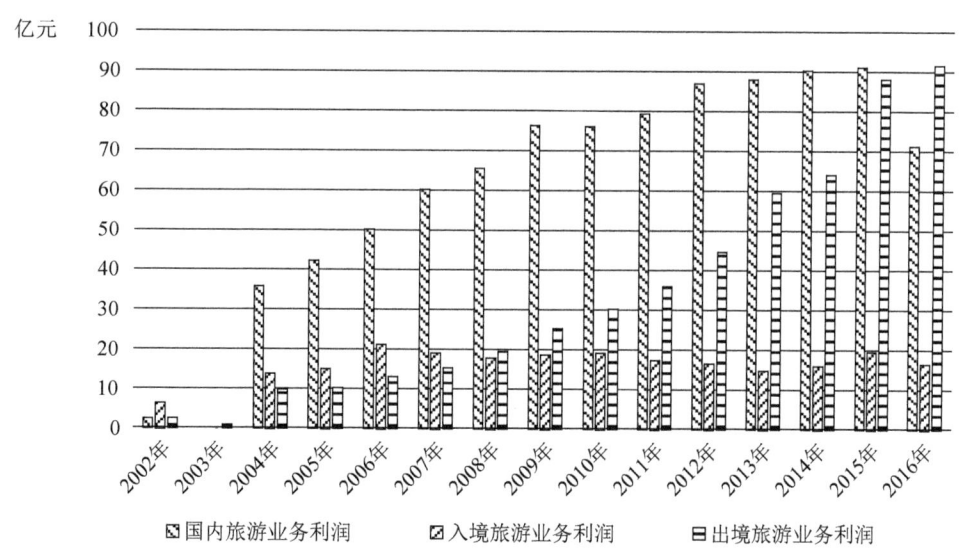

图3-4　2002—2016年中国旅行社业三大市场业务利润

第三，从中国旅行社业的规模变化看，数量增长主要集中在第三阶段，而资产增长则发力于第四阶段。

在中国旅行社业发展的第三阶段，正值国内旅游市场的爆发期和出境旅游市场的起步期，旅行社的国有旅游业务所需资本规模不大，因此在那个阶段，旅行社数量和从业人员数量的增速明显快于资产增速。而在旅行社业发展的第四阶段，入境和国内旅游市场基本停滞，刺激旅行社发展的只有出境旅游市场的快速增长，出境旅游的组团业务，需要资本的密集程度更高，因此，在这个阶段，旅行社数量和从业人员数量的增长非常缓慢，2016年从业人员数甚至和2009年相差不大，而总资产则增长较快，2016年旅行社业资产总额达到了2009年的两倍多。

本章从制度变迁、产业规模变化的角度客观描述了中国旅行社业的发展历程。从下一个章节开始，本书将开始运用新结构经济学的理论，对中国旅行社业的增长问题以及增长过程中的结构问题，进行深入分析。

第四章
中国旅行社业增长的要素贡献分析

本章重点讨论中国旅行社业的增长问题，即从经济学的角度，旅行社业的增长是由哪些要素驱动的，要素的贡献如何。在新结构经济学看来，一个经济体要素禀赋特征的不同，决定了经济内产业所呈现的要素密集度也有所不同：一个较发达的经济体，要素禀赋呈现资本和技术丰裕，经济体内的产业应呈现出资本和技术密集型的特征；一个欠发达的经济，要素禀赋呈现出劳动丰裕，该产业则应以劳动密集型为主要特征。只有这样，产业内企业才能具有自生能力。

中国是一个大国，区域间呈现出较大的经济差异和发展的不平衡，这意味着，对于同一产业而言，在不同区域间由于要素的丰裕度不同导致产业的密集度不同。具体对于中国的旅行社业来说，如果新结构经济学的解释成立，那么可以提出可以被验证的假说：中国旅行社业在经济较发达地区应呈现出资本和技术密集的特征，其增长主要依靠资本和技术驱动，在经济欠发达地区则恰好相反，旅行社业主要呈现出劳动密集型特征，增长也主要依靠劳动驱动。

需要指出的是，旅行社业作为现代服务业，和工业企业有很大不同，和其他的服务业相比也存在较大差异，笔者将要素禀赋结构变量带入到旅行社业的增长和结构的分析中，希望求同存异，更多的发现产业间一些共性规律，这样，本书的分析体系和分析框架不仅可以用来讨论旅行社业，也可以应用到其他行业的分析之中。

第一节 研究方法与数据说明

一、模型选取

基于参数方法测定要素贡献和全要素生产率的模型主要有最小二乘估计、OP 法、LP 法和工具变量法（系统广义矩估计）等，但 LP 法需要中间投入要素数据，OP 法和系统广义矩估计主要应用于企业全要素生产率的估计，针对我们获得的旅行社数据的特征，本研究依然采用应用最为广泛的最小二乘估计。

我们采用柯布－道格拉斯生产函数对中国旅行社业的增长进行估计，模型的一般形式为：

$$Y = AK^{\alpha}L^{\beta}$$

其中，Y 为旅行社业的增加值，A 为全要素生产率，K、L 分别代表资本、劳动，α 和 β 分别代表各自的产出弹性。

根据柯布－道格拉斯生产函数的性质，α 和 β 实际上表示产品中包含资本和劳动两种生产要素的密集度[①]。

进一步假定规模报酬不变，即

$$\alpha + \beta = 1$$

模型变形为：

$$Y/L = A\left(\frac{K}{L}\right)^{\alpha}$$

两边取对数，计量模型的最终形态为

$$\ln\left(\frac{Y}{L}\right) = \ln(A) + \alpha\ln\left(\frac{K}{L}\right)$$

根据估计的参数，可以计算出资本、劳动力以及全要素生产率对旅行社业增长的贡献。具体的计算方法为：

要素贡献率 =（要素投入增长率 × 要素产出弹性）/ 旅行社增加值增长率

[①] 根据柯布－道格拉斯生产函数，资本和劳动力的边际产品分别为 $\frac{\partial Y}{\partial K} = A\alpha K^{\alpha-1}L^{\beta}$，$\frac{\partial Y}{\partial L} = A\beta K^{\alpha}L^{\beta-1}$。产品中，资本的收入为 $\frac{\partial Y}{\partial K}K = A\alpha K^{\alpha-1}L^{\beta}K = \alpha Y$，劳动的收入为 $\frac{\partial Y}{\partial L}L = A\beta K^{\alpha}L^{\beta-1}L = \beta Y$。$\alpha$ 和 β 实际上反映了产品中包含了资本和劳动的多少。

进一步将公式变形为：

要素贡献率＝要素产出弹性 ×（要素投入增长率）/ 旅行社增加值增长率

其中，"要素产出弹性"代表静态要素密集度，"要素投入增长率 / 旅行社增加值增长率"代表要素增长相对于增加值增长的变化速度，因此，要素贡献率可以表示产业要素密集度的动态变化。

二、变量说明及数据来源

本研究使用省域面板数据进行分析，时间跨度为1997—2015年，由于中国香港、中国澳门和中国台湾的数据难以获得，各省包括除港、澳、台外的31个省、自治区、直辖市。

1. 旅行社产出指标

模型中的被解释变量，在很多文献中都使用营业收入作为产出指标。诚然，作为服务业的旅行社业中间投入品较少，这和工业企业显著不同。因此，以收入总额作为其企业增加值，有一定合理之处。但是，旅行社和其他服务业又存在很大的差异，表现在其会计上的收入确认准则有着较强的特殊性。

对于一般代理业来说，在会计上都是以佣金确认收入。而旅行社业却是以游客支付给旅行社或组团社支付给地接社的全部费用确认收入。在旅行社的收入中，绝大多数的价值并不是由旅行社创造。例如，如表4-1所示，"众信旅游"的营业收入中，包含了40%以上的机票款、30%以上的地接费、4%左右的签证费和4%左右的餐费和门票费用。如果需要计算旅行社业的要素贡献和全要素生产率，则必须在产出模型中加入中间投入要素或者使用增加值模型。

表4-1 北京众信国际旅行社股份有限公司主营业务成本构成表

项目	2011年度 金额（万元）	2011年度 占营收比重（%）	2010年度 金额（万元）	2010年度 占营收比重（%）	2009年度 金额（万元）	2009年度 占营收比重（%）
机票款	58 707.36	45.49	33 998.99	40.52	25 800.51	40.49
地接费	47 629.73	36.9	34 360.76	40.95	27 438.48	43.06
签证费	5459.54	4.23	3358.78	4.00	2490.88	3.91
境外餐费及门票	4787.21	3.71	3884.72	4.63	2880.74	4.52
其他费用	1013.93	0.79	709.72	0.85	624.17	0.98
合计	117 597.8	91.11	76 312.96	90.96	59 234.79	92.96

注：数据来源于众信旅游的IPO文件。

也就是说，由于旅行社特殊的收入确认准则，交通业、住宿业、餐饮业、景区业的收入都纳入到了旅行社的收入中，这些收入并不由旅行社的要素投入创造，和旅行社业相比，这些行业（尤其是其中的交通业和住宿业）所需的资本更加密集，因此，用旅行社的劳动和资本作为投入指标，以旅行社的总收入（包含了旅游者行程中各个行业的收入之和）作为产出指标，所计算出的要素贡献和全要素生产率则体现为资本的贡献率要远远高于劳动（成英文，2010）。而实际上，这并不是旅行社各个投入要素的真实贡献。因此，笔者应用增加值模型来测算旅行社业资本、劳动以及全要素生产率的贡献。尽管公开资料中并没有发布旅行社的增加值数据，但可以利用《中国旅游统计年鉴》中旅行社业的"营业税金及附加"数据进行推导。根据旅行社的营业税的税收政策[①]，"旅行社应按照营业收入净额（营业收入总额扣除代收代付的房费、餐费、交通费等费用）计算缴纳营业税"[②]。换句话说，旅行社以旅游者支付的团费来确认收入，但是以其价值增值部分作为税基缴纳营业税。

旅行社营业税的税率自1993年《中华人民共和国营业税暂行条例》出台后，一直保持5%不变，附加税包括城市维护建设税（税率为市区7%，县城、镇5%，不在市区、县城或镇的为1%），教育费附加（税率3%），地方教育费附加（税率2%）。考虑到旅行社主要集中在城市，营业税金及附加的税率合计为5.6%（5%×（1+7%+3%+2%）），利用旅行社营业税金及附加的数据，可以计算出旅行社的增加值[③]：

[①] 1993年，国务院令第136号《中华人民共和国营业税暂行条例》第五条第（二）项规定，旅游企业组织旅游团到中华人民共和国境外旅游，在境外改由其他旅游企业接团的，以全程旅游费用减去付给该接团企业的旅游费后的余额为营业额。同年，《中华人民共和国营业税暂行条例实施细则》第二十四条规定，旅游业务，以全部收费减去为旅游者付给其他单位的食、宿和交通费用后的余额为营业额。旅游企业组织游客在境内旅游，改由其他旅游企业接团的，其销售额比照条例第五条第（二）项规定确定。2008年，国务院修订了《中华人民共和国营业税暂行条例》，新条例第五条第（二）项依然规定，纳税人从事旅游业务的，以其取得的全部价款和价外费用扣除替旅游者支付给其他单位或者个人的住宿费、餐费、交通费、旅游景点门票和支付给其他接团旅游企业的旅游费后的余额为营业额。

[②] 该表述来源于历年《中国旅游统计年鉴》附录中的主要统计指标解释。

[③] 教科书（《中国国民经济核算体系（2002）》）对增加值的定义是："常住单位在生产过程中创造的新增加值和固定资产转移价值。增加值可按生产法计算也可按收入法计算，按生产法计算，等于总产出价值扣除中间投入价值的余额"，反映了增加值的形成过程；"按收入法计算，等于劳动者报酬、生产税净额、固定资产折旧和营业盈余之和"，反映了生产成果的分配。"从实物形态看，中间投入具体包括生产者在生产经营过程中所消耗的原料、材料、燃料、动力等货物，以及运输、邮电、仓储、修理、金融、报销、广告等服务。这些货物或服务在生产过程中要么改变了形式，要么被完全用掉。从价值形态看，中间投入属于生产过程中一次性转移到产品价值中去的部分，不是生产者自己创造的价值。"值得说明的是，"作为中间投入的货物和服务都是非耐用货物与服务，它们一次性地或短期地运用于生产过程，其价值随之转移到产品价值之中。因此不能把作为固定资产使用的耐用性货物消耗计入中间投入"。

这实际是按照增加值的生产法计算所得，笔者认为旅行社业的增加值约等于总产出（营业收入）减去中间投入（由饭店业提供服务的住宿费+由餐饮业提供服务的餐费+交通运输部门提供服务的交通费+景区提供服务的旅游景点门票+接待旅行社提供的接团费）。这样的计算结果可能和实际的增加值有些偏差，比如，旅行社外购的广告服务，被包含在运用该方法测算的增加值中，因此，旅行社业实际的增加值比笔者测算的增加值要小一点，但相差不大。

旅行社增加值≈旅行社营业税金及附加 /5.6%

随着2016年旅行社营业税改征增值税的全面完成[①]，营业税退出历史舞台，考虑到数据的一致性和连贯性，本文选择的时间序列从1997年到2015年，为旅行社缴纳营业税的时期。

在计算得到省域旅行社增加值后，以1997年为基年，利用CPI平减指数进行处理，该指数来源于国家统计局官方网站。

2. 旅行社的要素投入指标

（1）资本投入

资本投入的处理是旅行社生产函数估计的关键，经济学文献一般都采用永续盘存法进行处理（张军，等，2009）。但在旅行社资本投入的估计中，本研究采用固定资产原值，原因在于：第一，永续盘存法需要计算每一个年度的新增投资，但各省旅行社业固定资产2010年以后波动较大，永续盘存法计算的资本存量多个省份出现负值。第二，很多文献也使用固定资产原值对模型进行估计（成英文，2010；罗浩，等，2016），有研究显示结果也是较为稳健的（黄英娜，等，2003）。在各省旅行社固定资产原值数据来源于历年《中国旅游统计年鉴》，再以1997年为基年用固定资产价格指数进行调整，该指数来源于国家统计局官方网站。

（2）劳动投入

在数据缺乏的情况下，劳动投入一般以从业人员数进行替代，本研究也使用各省旅行社业从业人员数作为劳动投入的指标，数据来源于历年《中国旅游统计年鉴》。

第二节　经验分析

一、三大地带层面

首先按照东部、中部、西部地带进行经验研究。东部地带包括北京、天津、河北、辽宁、上海、江苏、浙江、福建、山东、广东和海南；中部地带包括山西、吉林、黑龙江、安徽、江西、河南、湖北、湖南；西部地带包括内蒙古、广西、重庆、四川、

[①] 虽然旅行社之前征收的是营业税，但实际上可以说是按照增值税的设计征收的，这也是为什么当旅行社营业税的税率从5%上升到增值税的税率6%的时候，旅行社业大呼税负增加的根本原因。

贵州、云南、西藏、陕西、甘肃、宁夏、青海、新疆。台湾地区、香港特别行政区和澳门特别行政区数据暂缺。变量的描述性统计见表4-2：

表4-2 模型变量的描述性统计

变量	观测数	均值	标准差	最小值	最大值
总产出（营业收入）（万元）	57	4 637 013	5 771 157	167 615.8	23 300 000
增加值（Y）（万元）	57	514 307.5	536 624.5	38 965.54	2 052 593
资本（K）（万元）	57	1 331 583	1 358 721	91 430	5 494 522
劳动力（L）（人）	57	83 684.93	54 156.46	12 875	210 366

为了避免伪回归的出现，首先对变量进行单位根检验，以验证其平稳性，表4-3显示，两个序列均为平稳序列。

表4-3 模型变量的单位根检验

	ln(Y/L)		ln(K/L)	
	t统计量	prob	t统计量	prob
LLC	−3.48833	0.0002	−3.76253	0.0001
IPS	−3.06788	0.0011	−3.24348	0.0006
ADF	19.7874	0.003	21.6003	0.0014
PP	25.133	0.0003	31.067	0
结论	平稳		平稳	

接下来对变量进行协整检验，使用Pedroni方法，表4-4显示，除了Panel v-Statistic没有通过显著性检验外，其他统计量均在1%和10%的置信水平下通过检验。说明两个变量间存在协整关系。

表4-4 变量的协整检验

统计量	ln(Y/L)和ln(K/L)	
	Statistic	Prob.
Panel v-Statistic	−0.48624	0.6866
Panel rho-Statistic	−2.90839	0.0018
Panel PP-Statistic	−3.25362	0.0006
Panel ADF-Statistic	−1.4471	0.0739
Group rho-Statistic	−1.80477	0.0356
Group PP-Statistic	−3.12738	0.0009
Group ADF-Statistic	−1.28966	0.0986

在进行面板回归之前，首先进行豪斯曼检验，结果显示采用固定效应模型比随机效

应模型更有效。考虑到区域差异，以及旅游行为的跨区域特征，模型的扰动项可能同期相关，本研究采用变系数模型进行"似不相关回归（SUR）"估计，结果如表4–5所示：

表4–5 面板数据模型回归结果

区域	$\ln(A)$	α
东部	0.615809***	0.487241***
中部	0.319442***	0.365568**
西部	0.8038***	0.22969**
R^2	0.876815	
DW	1.627581	

注：**，*** 分别表示5%和1%的显著性水平。

模型参数估计非常显著，拟合优度为0.88，说明回归方程良好的解释力。资本弹性系数按照东部、中部、西部的顺序依次递减，根据规模报酬不变的假定，劳动弹性系数按东部、中部、西部依次递增。要素弹性符合三大经济地带的要素禀赋特征。

根据模型拟合的结果，可以测算出每个地带、每个时期旅行社的全要素生产率，并进一步计算出1997—2015年间投入和产出的平均增长率，如表4-6所示。三大经济地带旅行社总产出的平均增长率均高于13%，体现出旅游业良好的发展性，其中，中部旅行社产出增速最高，其次是东部旅行社，最后是西部。三大地带旅行社产出的增速均高于增加值，体现出旅行社在整个旅游产业链条中的地位逐渐降低，贡献逐步递减的趋势。其中，东部旅行社产出和增加值增速差距最小，中部旅行社尽管产出增速为18.32%，但增加值增速和东部持平，而西部旅行社增加值的平均增速仅为6.32%，说明东部旅行社效率明显高于中部和西部旅行社。从要素投入的增长看，东部和中部旅行社资本投入的增长率基本持平，西部旅行社略低，但也超过了10%；中部旅行社劳动投入的增速明显高于东部和西部。从全要素生产率的增速看，只有东部旅行社为正值，且年均只有0.52%的增幅，中部和西部均为负值，且依次递减。

表4–6 1997—2015年中国三大地带旅行社投入与产出的增长率

平均增长率	产出（营业收入）（%）	增加值（%）	资本（%）	劳动（%）	全要素生产率（%）
东部旅行社	15.13	10.39	12.95	6.93	0.52
中部旅行社	18.32	10.59	12.53	9.55	−0.04
西部旅行社	13.73	6.32	10.50	6.36	−0.91

进一步测算出要素的贡献率（表4-7），东部地区旅行社开始转向资本密集型产业，资本贡献率超过了50%；西部地区旅行社则表现为劳动密集型产业特征，劳动贡献率达到了77.57%；中部地区资本和劳动的贡献率则介于东部和西部之间，相比较而言，劳动的贡献率更高。全要素生产率的整体贡献率很低，东部旅行社最高，也只有0.05，中部和西部依次递减，西部旅行社贡献率约为 -0.16。说明对于整体旅行社行业而言，广义的技术进步（全要素生产率）很低，产业增长还主要依靠要素的投入，特别是中西部地区，主要依靠劳动的投入。中部和西部地区全要素生产率的增长率和贡献率均为负值，说明在这些区域，鲍莫尔"成本病"效应初现端倪。

表4-7 1997—2015年中国三大地带旅行社业增长要素贡献率

区域	全要素生产率贡献率	资本贡献率	劳动贡献率
东部旅行社	0.05123	0.60711	0.341659
中部旅行社	-0.00453	0.432416	0.572117
西部旅行社	-0.15722	0.381498	0.775718

二、省域层面

按照31个省、自治区、直辖市[①]进行实证检验，变量的描述性统计如表4-8所示：

表4-8 省域面板数据模型变量的描述性统计

变量	观测数	均值	标准差	最小值	最大值
总产出（营业收入）（万元）	589	448 743.2	79 7374.3	1933.45	5 437 248
增加值（Y）（万元）	589	49 771.7	81 778.54	498.4512	514 673
资本（K）（万元）	589	157 007.3	323 212.9	229.4	5 867 416
劳动力（L）（人）	589	8098.542	7274.65	37	44 766

同样对变量首先进行单位根检验，表4-9显示，两个序列均为平稳序列。

表4-9 省域面板数据模型变量的单位根检验

	ln(Y/L)		ln(K/L)	
	t统计量	prob	t统计量	prob
LLC	-9.56214	0.0000	-12.5918	0.0000
IPS	-7.92681	0.0000	-10.8479	0.0000

---

① 台湾地区、香港特别行政区和澳门行政区数据暂缺。

续表

	ln(Y/L)		ln(K/L)	
	t统计量	prob	t统计量	prob
ADF	173.402	0.0000	229.724	0.0000
PP	177.464	0.0000	230.172	0.0000
结论	平稳		平稳	

接下来对变量进行协整检验，这是使用Pedroni方法，表4-10显示，所有统计量均在1%或10%的置信水平下通过检验。说明两个变量间存在协整关系。

表4-10 省域面板数据模型的协整检验

统计量	ln(z/l) 和 ln(k/l)	
	Statistic	Prob.
Panel v-Statistic	1.409914	0.0793
Panel rho-Statistic	-7.73214	0.0000
Panel PP-Statistic	-9.7716	0.0000
Panel ADF-Statistic	-5.55803	0.0000
Group rho-Statistic	-4.34234	0.0000
Group PP-Statistic	-9.20918	0.0000
Group ADF-Statistic	-4.65106	0.0000

豪斯曼检验显示，应选择固定效应模型。考虑到区域差异，以及旅游行为的跨区域特征，模型的扰动项可能同期相关，这里也采用变系数模型进行"似不相关回归（SUR）"估计，结果如表4-11所示：

表4-11 省域面板数据模型回归结果

省（市、区）	资本的产出弹性系数	标准误	t统计量	P值
北京	0.603634	0.014198	42.51486	0.0000
天津	0.359188	0.018367	19.55623	0.0000
河北	0.130881	0.023228	5.634616	0.0000
山西	0.012556	0.025174	0.498757	0.6182
内蒙古	0.370082	0.021757	17.00955	0.0000
辽宁	0.38967	0.021291	18.30205	0.0000
吉林	0.146078	0.020797	7.023954	0.0000
黑龙江	0.586513	0.020997	27.93302	0.0000
上海	0.604783	0.017091	35.38661	0.0000

续表

省（市、区）	资本的产出弹性系数	标准误	t 统计量	P 值
江苏	0.479842	0.017991	26.67108	0.0000
浙江	0.49579	0.019732	25.12681	0.0000
安徽	0.282196	0.021969	12.84537	0.0000
福建	0.405514	0.017659	22.96332	0.0000
江西	0.305793	0.023631	12.94053	0.0000
山东	0.342201	0.020265	16.88606	0.0000
河南	0.141139	0.020765	6.796958	0.0000
湖北	0.282462	0.019113	14.77875	0.0000
湖南	0.289098	0.025062	11.53542	0.0000
广东	0.628147	0.017398	36.10525	0.0000
广西	0.374828	0.023211	16.1487	0.0000
海南	0.396419	0.020141	19.68237	0.0000
重庆	0.466315	0.01812	25.73413	0.0000
四川	0.313848	0.019437	16.14684	0.0000
贵州	0.183261	0.021247	8.62522	0.0000
云南	0.413472	0.02238	18.47467	0.0000
西藏	0.363482	0.016361	22.21619	0.0000
陕西	0.295363	0.024668	11.97348	0.0000
甘肃	0.128401	0.022825	5.625378	0.0000
青海	0.058173	0.020147	2.887428	0.0040
宁夏	0.24022	0.025701	9.346709	0.0000
新疆	0.339406	0.019495	17.41008	0.0000
R-squared	0.987689			
Durbin-Watson stat	2.076619			
F-statistic	882.5278			
Prob(F-statistic)	0.0000			

方程的拟合优度达到了 0.9877，说明方程良好的解释力。除山西外，其他省份资本投入的弹性系数非常显著。从各省的资本要素投入的弹性系数分布看，北京、上海、广东这样的经济强省系数均超过了 0.6；而贵州、云南、西藏、陕西、甘肃、青海、宁夏等西部地区弹性系数均较低，其中，青海最低，仅为 0.058，体现出要素禀赋的丰裕程度。

对比投入和产出的增长率，表4-12所示，1997—2015年，除广西和甘肃外，各个省旅行社营业收入的增速均超过10%，且均高于其增加值的增速。有北京等15个省份的增加值年均增速在10%以上，绝大多数为东部沿海地区和中部省份。资本累积率在20%以上的省份包括河北、内蒙古、浙江、江西、山东和宁夏。全要素生产率增速最快的省份为江西，年均增速6.02%，近一半的省份全要素增长率增速为负值。

表4-12 1997—2015年中国省域旅行社投入与产出的增长率

省（市、区）	营业收入（%）	增加值（%）	资本（%）	劳动（%）	全要素生产率（%）
北京	14.97	12.22	16.71	9.95	−1.55
天津	17.15	10.44	18.51	5.92	0.14
河北	18.26	13.18	28.32	10.79	0.21
山西	20.50	8.19	14.57	10.90	−
内蒙古	19.88	11.47	20.66	17.35	−5.98
辽宁	20.32	13.52	15.27	9.65	1.54
吉林	13.86	12.76	12.56	10.83	1.51
黑龙江	15.39	6.63	11.68	7.06	−2.84
上海	16.30	11.60	12.92	7.26	0.86
江苏	17.96	10.04	15.36	7.21	−0.91
浙江	18.41	13.30	20.14	11.39	−2.03
安徽	16.24	10.32	15.82	8.20	0.02
福建	14.09	9.61	8.11	5.24	3.03
江西	26.90	20.42	27.57	7.92	6.02
山东	20.07	15.04	21.77	11.90	−0.13
河南	13.94	5.20	10.78	10.22	−4.62
湖北	18.04	10.85	10.26	8.75	1.53
湖南	22.19	13.59	15.97	14.13	−0.93
广东	11.83	7.26	7.25	4.01	1.15
广西	9.10	4.30	5.45	2.05	0.96
海南	12.48	6.73	7.53	−0.83	4.23
重庆	18.94	9.82	13.31	4.41	1.24
四川	17.65	10.21	15.04	7.05	0.65
贵州	14.59	1.38	2.35	5.27	−3.19
云南	12.53	7.81	13.91	7.50	−2.09
西藏	10.77	3.92	1.99	3.87	0.72
陕西	11.08	5.15	5.66	7.95	−1.98

续表

省（市、区）	营业收入（%）	增加值（%）	资本（%）	劳动（%）	全要素生产率（%）
甘肃	5.03	-3.11	6.99	5.04	-7.98
青海	18.05	7.83	17.64	12.59	-4.47
宁夏	19.80	4.86	20.47	16.92	-10.96
新疆	11.15	3.13	7.38	5.04	-2.55

注：由于山西的系数未能通过 t 检验，因此表中并不计算山西的全要素生产率增速。

表4-13 显示，资本较为丰裕的省份，如北京、上海、广东其资本贡献率均在60%以上，西部省份的劳动贡献率显著高于资本贡献率。旅行社业整体上全要素生产率的贡献率较低，旅行社的技术进步非常不显著。

表4-13 1997—2015年中国省域旅行社增长要素贡献率

省（市、区）	全要素生产率贡献率	资本贡献率	劳动贡献率
北京	-0.14811	0.825511	0.322596
天津	-0.00047	0.636824	0.363647
河北	0.006899	0.281338	0.711763
山西	—	—	—
内蒙古	-0.61919	0.666355	0.952835
辽宁	0.124654	0.439882	0.435464
吉林	0.131218	0.143821	0.724961
黑龙江	-0.47374	1.03326	0.440477
上海	0.07859	0.673865	0.247545
江苏	-0.10788	0.734116	0.373759
浙江	-0.18242	0.750575	0.431843
安徽	-0.00266	0.43245	0.570211
福建	0.334083	0.342079	0.323838
江西	0.317785	0.412912	0.269303
山东	-0.01632	0.495504	0.520818
河南	-0.98057	0.292758	1.687816
湖北	0.153788	0.26719	0.579022
湖南	-0.07879	0.339735	0.73905
广东	0.167144	0.627286	0.205571
广西	0.228028	0.474787	0.297185
海南	0.631148	0.443492	-0.07464

续表

省（市、区）	全要素生产率贡献率	资本贡献率	劳动贡献率
重庆	0.127921	0.632122	0.239957
四川	0.064148	0.462196	0.473656
贵州	-2.41637	0.31057	3.105803
云南	-0.30029	0.736996	0.563293
西藏	0.187611	0.184218	0.628171
陕西	-0.41321	0.324711	1.088502
甘肃	2.703038	-0.28886	-1.41418
青海	-0.644978538	0.131066095	1.513912443
宁夏	-2.66039	1.012577	2.647813
新疆	-0.86234	0.799893	1.062444

注：由于山西的系数没有通过 t 检验，表中不计算该省各个要素的贡献率。

第三节 小结

本章运用生产函数法，基于 1997—2015 年的三大地带和省域面板数据模型计算中国旅行社业增长的要素贡献，得出的结论主要包括：第一，中国旅行社业的增长主要由要素驱动，全要素生产率无论是增长率和贡献率都非常低。第二，在东部地区，资本是旅行社业增长的主要驱动力，而在中部和西部地区，劳动是旅行社业增长的主要驱动力。

中国旅行社业增长要素贡献的空间分异特征较为符合"新结构经济学"的理论预期。在价格机制作用下，我国经济较为发达的地区（主要是东部），要素的禀赋结构表现为资本相对丰裕，旅行社业体现出资本密集型产业的特征，其增长主要依靠资本驱动；而在经济欠发达的地区（主要是中西部），要素的禀赋结构体现为劳动力相对丰裕，旅行社业体现出劳动密集型产业的特征，其增长主要依靠劳动驱动。在业态和产品上的具体表现是，在经济欠发达的地区，大多数旅行社以接待业务为主。例如，2015 年，云南省旅行社接待国内游客人数为组团人数的 8 倍左右；而在经济较为发达的地区，当地旅行社的业务则以批发和零售为主，特别是出境旅游的批发和零售业务。2015 年北京市旅行社业出境旅游业务利润占当年北京市旅行社业利润的 65%。一般来说，批发和零售业务和接待业务相比，更具有资本密集型产品的特征[①]。

发达国家的旅行社发展同样经历了劳动密集型产业向资本密集型产业转变，转变的方式主要是通过拓展产业链，进入上下游资本密集型的产业实现的。例如，在20世纪八九十年代，汤姆逊旅游集团（Thomson Travel Group）并购了不列颠尼亚航空公司、地平线旅游集团和兰波利旅游代理商等[②]。2000年后，途易集团（TUI Group）成立了自己的航空公司 TUI Airlines Nederland[③]。而美国运通公司则涉足资本更为密集的旅行金融和保险业。

如果说要素禀赋和比较优势原理可以基本解释中国旅行社业增长的要素贡献和空间分异特征，旅行社业技术进步偏低的成因则需要进一步讨论。本文认为原因包括3个方面：第一，旅游产品的非专利性导致旅行社产品创新的积极性减弱。旅行社投入资源设计的旅游线路和产品，会被竞争对手轻易地模仿和复制，一方面使得创新收益迅速被市场稀释，另一方面则降低了旅行社进行产品创新的激励。第二，旅行社的流程创新取决于纵向一体化的程度，而纵向一体化的程度则内生于区域要素的禀赋结构。如果旅行社可以通过纵向一体化整合产业链，重构旅游业务的价值体系，则可以降低交易费用，提升资产的专用程度，提高市场的进入壁垒，实现规模经济。那么，旅行社在业务流程创新的同时可以保护产品创新的成果。但纵向一体化的前提是区域的要素禀赋体现为资本丰裕，旅行社以此为优势进入资本密集型产业，这也解释了东部、中部、西部旅行社全要素生产率的增长率和贡献率依次递减。第三，对外资的限制。尽管对旅行社业市场准入的制度性壁垒不断降低，但政策对外资旅行社的业务范围始终有所限制。至今，外商独资旅行社经营出境游业务依然处于试点状态。政策的不确定性使外资始终有所保留，难以全力以赴地参与市场竞争，也使国内旅行社失去了很多向外资旅行社学习、优化业务流程、提高服务质量的机会。

---

① 中国旅行社业产业分工和产业升级的相关分析，详见第八章。
② 张凌云.旅行社产权改革、规模化经营和市场制度——兼与《旅游学刊》中两篇论文的作者商榷[J].旅游学刊，2005，20（6）：54-57.
③ 朱易兰.旅行社跨国经营模式研究[D].北京：北京第二外国语学院，2006:80.

第五章
中国旅行社业的产权结构和效率

上一章指出，整体上中国旅行社业的增长由资本和劳动——特别是劳动驱动，全要素生产率的增长率和贡献率都不高。有研究者认为旅行社业整体效率不高和行业企业的产权结构相关（宋振春，马永刚，2005；吴三忙，和文征，2009；翟向坤，等，2012）。然而，在文献中研究者既没有对中国旅行社业的产权结构进行深入探讨，也没有对旅行社的效率进行经验分析，为了弥补这两个缺陷，本章聚焦中国旅行社业的产权结构与效率问题。尝试利用微观企业数据对中国旅行社业的产权结构及不同产权主体旅行社的劳动生产率进行对比分析。

第一节 中国旅行社业的产权结构和效率分析

中国的旅游市场，是按照"先入境，再国内，后出境"的次序发展起来的，改革开放初期，旅游业主要承担政治任务、发挥创汇功能，这一时期的旅行社业基本上都属于国有企业、事业单位，外商不能在国内开展旅游业务[①]。1985年国务院颁布的《旅行社管理暂行条例》中，虽然没有对民营企业和外资企业的市场准入规定，但在1988年国家旅游局颁布的《旅行社管理暂行条例施行办法》中，却明确规定了一类社和二类社必须是全民所有制企业；在中国境内不得开办中外合资、中外合作或外商独资的

---

① 见1981年10月，国务院《关于加强旅游工作的决定》。

旅行社。换句话说，这一时期，民营企业只能从事国内旅游业务[①]，外资企业不能进入中国市场。

1996年国务院颁布的《旅行社管理条例》正式取消了对旅行社经济性质的限制，并规定申请设立中外合资、合作经营旅行社的，应当按照国务院有关规定报经批准，并随后逐步放开了外商投资旅行社的限制（表5-1）。

表5-1 中国对外商进入中国旅行社市场的管制

时间	进入形式	业务范围	外方投资人	合资/独资旅行社
1996年以前	禁入[①]	—	—	—
1996—2009年	合资	非出境业务	年销售额大于5000万美元	注册资本大于等于500万元，有限责任公司，中方控股
2003—2009年	独资、控股	非出境业务	年销售额大于4000万美元	注册资本大于等于400万元
2009年至今	合资、合作、独资、控股	非出境业务[②]	没有限制	参照旅行社成立一般规定，允许设立分支机构

从中国旅行社业产权结构的变化看，表5-2显示，2002—2009年，国有独资旅行社数量和比例双降，从2002年的4214家[④]下降到2009年的1852家，占比从36.48%下降到8.23%。而股份制企业[⑤]的数量和比例则不断上升，大体可以说明，旅行社业存在国退民进，民营企业占据旅行社业的主体地位。仅从数量变化上看，旅行社业并不存在文献中所谓国有旅行社退出难（吴三忙，和文征，2009）的问题。

---

① 也有一种说法是经营国内业务的旅行社至少要是集体所有制，参见《中国旅行社业市场开放研究》，但笔者在法律条文中没有看到这样的说法。

② 1992年国务院发文开展在国家旅游度假区内开办中外合资的一类社，详见第三章。

③ 从2011年开始，国家旅游局公布第一批试点经营中国公民出境旅游业务的3家中外合资经营旅行社名单：中旅途易旅游有限公司、国运运通旅行社有限公司、交通公社新纪元国际旅行社有限公司。但笔者曾在2016年年底对中旅途易的高管进行了访谈，该公司财务负责人表示，由于出境旅游业务一直处于试点状态，公司非常担心这种试点状态不会维持太长时间，因此在出境业务上投入的资源和精力不多。其他合资旅行社也面临相同的局面。2017年，中国（上海）自由贸易试验区正式获批开展外商独资旅行社经营出境旅游业务试点工作，万程（上海）旅行社有限公司获批成为中国（上海）自由贸易试验区首家经营出境旅游业务的外商独资旅行社。但总体来说，大多数外商投资旅行社并不能开展出境旅游业务。

④ 该数值不是公布的数据，而是计算所得，根据全国旅行社业务年检情况通报中旅行社的数量和国有独资旅行社占比相乘得到，后同。

⑤ 这里需要注意的是，在2002—2008年每年的旅行社的年检通报中，只给出了国有独资企业、股份制企业和其他企业三种分类。实际上，股份制企业，又包含无限责任公司、有限责任公司和股份有限公司。股份制本身并没有公有和私有的性质（秦文婷，2005），因此，并不能完全把股份制公司等于民营企业，因为里面还包含了国有控股公司。

表 5-2 2002—2009 年中国旅行社业的产权结构

年份	全国旅行社			其中：国际旅行社			国内旅行社		
	国有独资	股份制	其他	国有独资	股份制	其他	国有独资	股份制	其他
2002	36.48	42.01	21.51	53.35	41.86	4.79	34.26	47.55	18.19
2003	30.25	59.74	10.01	47.93	48.38	3.69	28.21	60.99	10.8
2004	23.61	67.96	8.43	39.9	56.77	3.33	21.86	69.16	8.98
2005	18.47	73.65	7.88	32.5	65.53	1.97	16.98	74.51	8.51
2006	12.14	73.37	14.49	26.66	67.17	6.17	10.67	74	15.33
2007	10.47	77.72	11.81	23.54	71.51	4.95	9.1	78.37	12.53
2008	9.21	78.25	12.54	20.59	72.62	6.79	7.98	78.86	13.16
2009	8.23	76.24	15.53						

注：2002—2008 年的数据来源于 2002—2008 年各年的《全国旅行社业务年检情况通报》，2009 年数据来源于"关于 2010 年度全国旅行社统计调查情况的公报"。此后，官方不再发布全国旅行社的所有制结构分布。

为了将中国旅行社业产权结构更加清晰地呈现出来，我们使用 2010 年旅行社的微观数据，数据来源于国家旅游局，为每家旅行社上报的数据。该年上报旅行社 15 258 家，为进一步计算旅行社的劳动生产率，将固定资产净值、年平均从业人员数这两项指标为 0 或为空的旅行社全部剔除，此外，由于黑龙江省旅行社没有利润表，同样将该省旅行社剔除，结果如表 5-3 所示。2010 年，在拥有较为完整统计数据的 8909 家旅行社中，国有企业 1023 家，占旅行社总数的 11.5%；集体企业 418 家，占 4.7%，私营企业 7321 家，82.2%，港澳台及外商投资旅行社仅 22 家。国有旅行社的比例和年检通报中的数据很接近，说明股份制企业中，也有少部分属于国有控股旅行社。尽管国有独资和控股的旅行社数量较少，但规模较大。数量占比 11.5% 的国有旅行社，取得了全部旅行社营业收入的 46.9%，增加值[①]的 48.5%，占固定资产净值的 52.5%，从业人员的 32.9%。

表 5-3 2010 年中国旅行社业不同产权旅行社经济指标

	数量（家）	营业收入（亿元）	增加值（亿元）	固定资产净值（亿元）	从业人员数（人）
国有企业	1023	793.62	43.78	27.05	60 630
集体企业	418	52.96	3.64	5.19	7876

---

① 增加值根据旅行社"营业税金及附加"指标计算而得，计算方法见上一章。

续表

	数量（家）	营业收入（亿元）	增加值（亿元）	固定资产净值（亿元）	从业人员数（人）
民营企业	7321	799.76	40.25	18.34	112 689
港澳台和外商投资	22	31.15	1.56	0.14	1401
联营企业	125	13.84	1.10	0.78	1924
总计	8909	1691.34	90.33	51.50	184 520

注：数据来源于原国家旅游局；固定资产净值和从业人员数为由年初余额和年末余额取平均值计算所得。

从国有旅行社的分布看，表5-4显示，数量上东部地区[①]分布了一半的国有企业，显然这些国有企业的规模更大，营业收入和增加值的比重均超过80%，固定资产净值和平均从业人员数均超过了70%。国有旅行社在中部和西部地区分布比较均匀，且西部地区这五项指标的占比均略高于中部地区。

表5-4 国有旅行社在东部、中部和西部的分布

国有旅行社	东部		中部		西部		总计
	值	占比（%）	值	占比（%）	值	占比（%）	
数量（家）	517	50.54	240	23.46	266	26.00	1023
营业收入（亿元）	648.60	81.73	55.84	7.04	89.18	11.24	793.62
增加值（亿元）	37.69	86.08	2.38	5.43	3.72	8.50	43.78
固定资产净值（亿元）	19.77	73.08	2.71	10.00	4.58	16.92	27.05
平均从业人员数（人）	42 455	70.02	7587	12.51	10 588	17.46	60 630

数据来源：原国家旅游局。

民营旅行社的分布和国有旅行社较为类似，表5-5所示，东部旅行社数量上占据了50%以上，营业收入、增加值两项指标的比重均超过70%，但均低于东部国有旅行社的比重。除固定资产净值外，中部民营旅行社的其他指标均高于西部地区，这和国有旅行社在中西部分布完全相反。而固定资产净值西部地区较高，体现出西部旅行社的新增投资高于中部旅行社。值得注意的是，民营旅行社平均从业人员数和旅行社数量分布较为接近。

---

① 本章对东部、中部、西部三个地区的划分与上一章相同，其他、台湾地区、香港特别行政区和澳门特别行政区数据暂缺。

表 5-5 民营旅行社在东部、中部和西部的分布

民营旅行社	东部		中部		西部		总计
	值	占比（%）	值	占比（%）	值	占比（%）	
数量（家）	3672	50.17	2201	30.07	1446	19.76	7319
营业收入（亿元）	583.96	73.02	116.34	14.55	99.46	12.44	799.76
增加值（亿元）	30.15	74.90	5.25	13.05	4.85	12.05	40.25
固定资产净值（亿元）	11.50	62.70	2.75	15.01	4.09	22.30	18.34
从业人员数（人）	55 435	49.19	39 312	34.89	17 941	15.92	112 689

数据来源：原国家旅游局。

接下来，非常有必要将不同经济性质的旅行社的效率进行对比，特别是将国有旅行社和私营旅行社进行对比，来探究国有企业是不是导致旅行社业整体效率较低的"木桶短板"。

对 2010 年全国旅行社的劳动生产率进行对比，一般来说，劳动生产率的计算采用方法是营业收入除以从业人员数，本研究采用两种方法计算劳动生产率，第一种是按旅行社营业收入计算，方法是用旅行社营业收入除以平均从业人员数，这和普通的计算方法相同；第二种是按照旅行社的增加值计算，根据上一章节的分析，由于旅行社特殊的收入确认准则，导致按营业收入计算的劳动生产率偏高，不能反映旅行社的真实生产率水平，因此我们根据增加值计算出实际的劳动生产率，结果见表 5-6。

表 5-6 不同产权主体旅行社的劳动生产率

	数量	劳动生产率（万元/人）	
		按营业收入计算	按增加值计算
国有企业	1023	130.89	7.22
集体企业	418	67.24	4.62
民营企业	7321	70.97	3.57
港澳台和外商投资	22	222.37	11.15
联营企业	125	71.95	5.72
平均	8909	91.66	4.90

数据来源：原国家旅游局。

结果表明，按照营业收入计算的旅行社的劳动生产率非常大，平均值高达 91.66 万

元①，这样的结果不能反映旅行社业的真实生产率水平，而按照增加值计算的劳动生产率不到按营业额计算的10%，平均水平为4.90万元/人，比较符合真实情况。

不同类型的企业的劳动生产率进行对比，按照增加值计量排序，可以发现港澳台及外商投资的劳动生产率最高，其次是国有企业，再次是联营企业和集体企业，而私营企业劳动生产率最低。

港澳台和外商投资旅行社的劳动生产率最高，原因在于中国对外商进入旅行社行业实行了严格的进入管制，导致能进入中国市场的外资旅行社都是所在国旅行社行业的优秀企业，有着丰富的旅行社经营和管理经验，表现为生产率较高。但让人始料未及的是，国有企业的劳动生产率要显著高于私营企业，而且私营企业劳动生产率的排名垫底。也就是说，在中国旅行社业，国有企业的效率并不低于私营企业，甚至高于私营企业。这一结论和一般的"常识"相违背，我们姑且称之为"中国旅行社业效率之谜"，需要深入分析。

第二节　对"中国旅行社业效率之谜"的解释

在新结构经济学看来，产权问题并不是企业效率差异的关键。因为在现代公司治理体制下，所有的大企业都面临着所有权和经营权相分离的问题。对于大公司，尤其是上市公司来说，股权结构的分散化使得公司本身越来越趋向于无主产权的性质。问题的关键在于企业的发展是否符合经济体的要素禀赋特征，在国家的"赶超战略"下，以劳动丰裕为特征的要素禀赋结构决定了发展资本密集型产业一定是违背比较优势的，企业所展现的竞争力是较弱的。但这并不是产权本身所决定的，即使将国有企业私有化也并不能解决全部问题。因此，"中国旅行社业的效率之谜"在新结构经济学看来，并非不能接受，但需要进一步的讨论。

要解释中国旅行社业中国有企业效率优于私营企业这一现象，首先需要对旅行社业的行业特征和产业密集度进行分析。一个产业密集型特征的主要判断标准是人均固定资产净值（陈景新，王云峰，2014；黄桂田，2009；曲玥，2010）。在指标数据不可

---

① 2010年，《中国旅游统计年鉴（副本）》公布的饭店业的平均劳动生产率为13.43万元/人，饭店业的资本密集程度显著高于旅行社业，按照旅行社营业收入计算的劳动生产率明显不合理。

得^①的情况下，吴德勋和张雪梅（2016）通过聚类分析，将人均固定资产原值小于35万元/人、流动资产周转率高于250%的产业划分为劳动密集型产业[②]。根据该标准判断，中国旅行社业很长一段时间在整体上都表现出劳动密集型的产业特征，而且，国内旅行社的劳动密集程度显著高于国际旅行社（表5-7、表5-8、表5-9）。

表5-7 2003—2014年中国旅行社人均固定资产原值（万元/人）

时间（年份）	旅行社整体	国际旅行社	国内旅行社
2003	15.53	23.57	8.93
2004	17.24	30.11	9.90
2005	16.84	30.91	8.98
2006	16.96	33.76	8.10
2007	16.79	27.22	9.92
2008	16.22	29.17	8.42
2009	18.96	—	—
2010	28.41	—	—
2011	27.29	—	—
2012	22.46	—	—
2013	21.96	—	—
2014	22.4	—	—

数据来源：2004—2015年《中国旅游统计年鉴（副本）》。

表5-8 2003—2008年国际旅行社和国内旅行社的资产周转率和结构

时间	国际旅行社			国内旅行社		
	总资产周转率（%）	流动资产周转率	流动资产/总资产	总资产周转率	流动资产周转率	流动资产/总资产
2003年	178.1	333.6%	53.39%	299.7%	520.3%	57.60%
2004年	229	436%	52.52%	353%	556%	63.49%
2005年	311.5	529.6%	58.82%	345.7%	511.4%	67.60%
2006年	290.57	482.23%	60.26%	370.41%	519.44%	71.31%
2007年	320.1	492.63%	64.98%	428.56%	566.55%	75.64%
2008年	374.61	531.85%	70.44%	397.47%	532.5%	74.64%

数据来源：2004-2009年《中国旅游财务信息年鉴》。

---

① 利用2010年旅行社业的微观数据，可以计算出人均固定资产净值为2.79万元/人，介于陈景新和王云峰（2014）文章中典型劳动密集型产业和中度劳动密集型产业之间。

② 吴德勋，张雪梅.FDI对中国工业部门技术溢出的实证研究——基于劳动密集型和资本技术密集型产业[J].资源与产业，2016（03）：121-127.

表 5-9　2009—2016 年中国旅行社资产周转率和结构

时间	总资产周转率	流动资产周转率	流动资产/总资产
2009 年	310.10%	457.27%	67.82%
2010 年	384.38%	537.86%	71.46%
2011 年	390.78%	523.82%	74.60%
2012 年	432.04%	575.68%	75.05%
2013 年	387.15%	507.66%	76.26%
2014 年	356.37%	463.21%	76.93%
2015 年	355.29%	446.09%	79.65%
2016 年	372.03%	460.28%	80.83%

数据来源：2010—2017 年《中国旅游财务信息年鉴》。

整体上中国旅行社业属于劳动密集型产业。同时，根据上一章的结论，随着要素禀赋的不断变化，在某些区域旅行社业也开始向资本密集型产业转化，在东部某些省份，旅行社业资本要素的弹性超过了 50%[①]，这是进一步分析的起点和基础。

一、不同产权类型旅行社主营业务差异

从不同产权类型旅行社的主营业务看（表 5-10），民营旅行社以国内旅游业务为主，2010 年接待国内游客 0.99 亿人次，比国有旅行社多 0.42 亿人次，取得国内旅游收入 549.2 亿元，比国有旅行社高 186.69 亿元。而国有旅行社在国际旅游业务特别是出境旅游业务上明显占据优势，2010 年，国有旅行社组织出境游客 724.3 万人次，取得出境旅游收入 260.7 亿元，分别比民营企业高出 225.5 万人次和 114.6 亿元。

表 5-10　2010 年全国旅行社不同产权类型旅行社业务类型

	数量（家）	入境旅游收入（亿元）	国内旅游收入（亿元）	出境旅游收入（亿元）	接待入境旅游者人数（人次）	接待国内旅游者人数（人次）	组织出境旅游者人数（人次）
国有企业	1023	96.4	362.5	260.7	10 173 939	56 544 866	7 242 801
集体企业	418	4.6	38.5	7.2	1 549 077	7 716 165	272 234
民营企业	7321	78.8	549.2	146.1	8 764 254	9 8563 523	4 987 744
港澳台和外商投资	22	7.6	7.5	10.1	383 681	149 310	81 344
联营企业	125	1.7	10.0	1.3	167 157	997 317	64 613
总计	8909	189.1	967.7	425.5	21 038 108	163 971 181	12 648 735

数据来源：原国家旅游局。

---

① 见表 4-11。

对于国内旅游业务，由于原始数据中并没有提供"国内旅游业务组团人次数"这一指标，无法判断国有旅行社和民营旅行社在国内旅游业务上分别处于产业链条的哪个环节。但是，出境游的组团业务，也就是旅行社出境旅游的批发和零售业务，位于"微笑曲线"的两端，国有旅行社在该业务上的优势地位表现为更高的营业收入和附加值[①]，以此计算出的国有旅行社的劳动生产率较高。这是产生"中国旅行社业的效率之谜"的一个原因。

二、中国旅行社业的创新主要为渠道创新而非产品创新

中部和西部旅行社的全要素增长率和贡献率均为负值，整体上旅行社业的技术进步非常低。私营企业和国有企业相比，最大的优势在于其创新能力和效率，在旅行社业亦是如此，近年来旅行社业重要的创新活动都是由私营企业完成的，特别是随着"互联网+"的兴起，一些非国有旅行社很快成长起来，如"携程"的做大做强、"去哪儿""途牛"的快速崛起以及"众信旅游"在A股市场的IPO。而像一些老牌旅行社则显得波澜不惊，例如作为旅行社业的老牌国企、上市公司，中国国旅和中青旅近几年的旅行社业务并没有太多的亮点，虽然营业收入占上市公司的总收入比重依然最高，但对净利润的贡献却微乎其微。2016年，中国国旅的18亿元净利润中，旅行社业务只贡献了0.6亿元，贡献率仅为3%。而对于中青旅来说，乌镇和古北水镇两个景区对其利润的贡献则超过了90%。

可以观察到的现象是，尽管近年来民营旅行社取得了技术进步和创新，但这些创新主要来自于渠道创新而非产品创新。借助"互联网+"技术，旅行社将销售渠道从线下转移到线上，比如，"携程"就是一家基于互联网技术的旅游代理商，机票代理和酒店代理是其营收和利润的主要来源；"去哪儿"和"携程"类似，提供机票和酒店的在线比价服务，通过点击量获得收益；"途牛"旅行社则成为中国第一家基于互联网技术的旅游零售商，通过"途牛"的网站和APP，游客可以选择众多旅游批发商和运营商提供的百万余种旅游产品。"众信旅游"作为较为成熟的出境旅游批发商，通过资本运作，向产业链上下游进行延伸，特别是通过和"悠哉旅游网"的战略合作，进一步拓宽其销售渠道。如今的"众信旅游"，出境游的零售业务已经占到全部业务的30%[②]。

上述案例显示，近年来旅行社业的创新主要体现在销售渠道上，而这正是互联网

---

① 关于中国旅行社业的产业分工和产业升级的进一步分析，详见第八章。
② 基于"互联网+"旅行社的案例分析，详见第九章。

技术的优势，与此同时，旅行社的产品和线路创新则相对较少。这和旅行社包价旅游产品的极易模仿性和不可专利性不无关系，旅行社通过设计和开发一条旅游线路，如果取得了良好的销售成绩，很容易被其他旅行社拷贝过去而不用付费，这种旅游产品开发的负外部性降低了旅行社开发新产品的激励。

由此产生的旅游产品同质化问题，引起研究者的广泛关注。设计旅游产品而又不被他方轻易攫取，只有具有成本优势的旅行社才能做到。这就是说，旅行社设计旅游产品，通过规模经济降低成本获得利润，这样即使其他旅行社可以轻易复制此产品，但由于不具成本优势，也无法在竞争中获胜，从而避免了旅游产品的"搭便车"行为。这也是为什么国外的旅行社业发展到一定阶段，一般都要进行大规模的并购，掌握上游资源尤其是航空资源，比如英国托马斯库克、德国途易集团等大型旅行社旗下都有自己的航空公司。到这一阶段，则需要大规模的资本投入，而这和中国旅行社业整体的劳动密集型产业特征并不相符。

因此，中国旅行社业的旅游产品创新难问题本质上是发展阶段问题。中国旅行社业整体仍属于劳动密集型产业，旅游产品创新从速度和品质上都难以满足游客需求，而旅行社的渠道创新，受益最大的是在线旅游代理商，然后才是在线旅游零售商和批零一体化旅行社，这些旅行社在整个行业中，所占比重不大，创新的影响有限。因此，民营企业在创新上的优势，和国有企业相比并不明显，这是民营企业和国有企业在劳动生产率上相差不大的原因之一。

三、中国旅行社业的旅游产品存在严重的信息不对称

旅游产品的另一个内生性问题，可能是国有旅行社效率不低于民营旅行社的重要原因。即旅行社的包价旅游产品被认为存在信息不对称，一方面，签约与支付团款在前，旅游体验在后；另一方面，旅游服务难以标准化，在旅游合同中又不可能穷尽所有的服务内容[1]，必然有部分服务内容的界定并不清晰，这些服务是否提供、由谁提供，如何提供在契约中没有阐明[2]，而被放入巴泽尔所谓的"公共领域"（巴泽尔，1997）中。

在中国旅行社业，随着"零负团费"商业模式的出现，信息不对称的程度被进一

---

[1] 即使可以穷尽，消费者也不可能将所有的条款都阅读完全并清楚了解。
[2] 举一个最简单且经常发生的例子，比如地接社带领团队去购物店，在炎热的夏天，不想进店购物的游客能否在旅游大巴上等待，在这个时间内大巴上是否提供空调服务。

步加剧了。所谓"零团费",就是国内组团旅行社向旅游者收取的现金只够往返交通和签证的费用,在旅行目的地的食、住、行和景点门票等费用、旅行社的利润都没有计入报价;"负团费"是指接待社在不收接待费用的情况下,还要向组团社支付"人头佣金"(张辉,2006)。本质上,"零负团费"是先用低价吸引消费者签约,而在随后的游览环节,通过增加自费项目和购物环节,来获取收益的商业模式。这种商业模式的成功有两个关键节点,一是在签约环节,旅游产品的定价一定要足够低,合约中条款的界定要尽可能地模糊。前面解释过,旅游产品创新较少,导致旅游产品的同质化较为严重。那么旅游产品的价格就成为消费者考虑的关键因素,价格越低越有可能吸引消费者。此时,服务条款界定得越模糊,旅行社提供服务时可以操作的空间越大。第二个关键节点是旅行社接待购物和参加自费项目环节,如果游客进店不消费,或者不参加自费项目,地接社和地接导游可能完全没有收入,或者"赔本赚吆喝"。因此这个环节导游常常诱导游客购物,甚至以甩团、辱骂、威胁等方式,迫使游客消费(廖志敏,2012)。

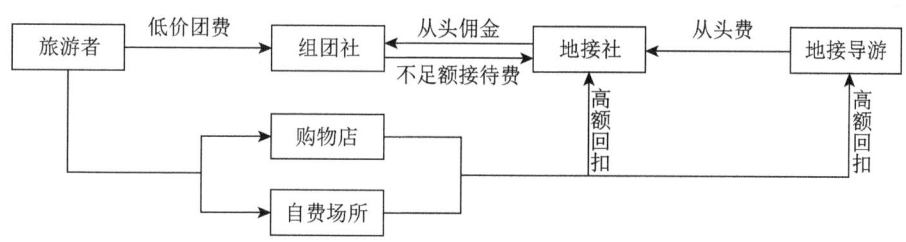

图 5-1 旅行社"零负团费"的经营模式

因此,本来旅行社作为社会分工的产物,本应减少游客和旅游目的地之间的信息费用,结果却因"零负团费"这样的商业模式①,有意无意"隐藏"关键信息,进一步加剧信息不对称的程度,这使得旅行社市场体现出"柠檬市场"的特征,从而导致逆向选择的出现。

---

① 旅行社业的"零负团费"问题,是困扰着中国旅行社业发展的一个突出问题。对于该问题存在的原因,笔者曾经进行过综述,详见庞世明(2013)。如果运用新结构经济学,这个问题不难解释:"零负团费"的商业模式源于中国旅行社业长期的劳动密集型产业特征,决定了产业很少能达到规模经济,从而导致旅行社旅游产品的同质同成本,厂商无法通过价格歧视来获得更多的消费者剩余。竞争的压力迫使旅游产品的价格不断下探到边际成本,如果旅行社可以在游客行程中通过购物店回佣和自费项目获得二次补偿,包价旅游产品的费用会进一步降低到低于边际成本。但游客的总花费并没有因此降低。因此,解决"零负团费"问题的途径有两条,一是严厉打击购物店回佣和擅自增加自费项目,要在合约中给予明确规定;二是通过发展解决问题,即旅行社业向资本和技术密集型转化,达到规模经济,减低游客的实际成本,使"零负团费"的商业模式不具有竞争优势。因为"零负团费"并非本书要研究的主要问题,仅在这里做补充说明。

根据经济学理论，对于信息不对称产生的"逆向选择"问题。一般通过卖方建立商誉、向买方发信号等方式来解决。但是，由旅行社业所涉及的产业链条很长，且呈现出劳动密集型产业的特征，产业整体集中度不高[①]，纵向一体化的程度不深，产业整体的品牌化意识不强，建立商誉成为一个较为漫长的过程。此时，国有企业的优势便体现了出来。

国有企业和私营企业相比，对于作为游客的消费者来说，最大的优势就是拥有政府的"背书"，或者说一个信用保障。与民营企业相比，国有企业虽然创新、应对市场需求方面相对薄弱，但是私有企业经营的监管薄弱是国有企业存在和发展的外在原因（刘戒骄，2016）。笔者的实地调研也显示，国有旅行社对旅游服务质量要求较高，对供应商监管较为严格，同时，其旅游产品的价格也相对较高。这实际上解释了国有旅行社劳动生产率高于民营旅行社的问题：民营旅行社提供一定规模的"零负团费"模式经营的旅游产品，使得这些旅行社的账面收入比实际收入偏低，从而导致计算出的劳动生产率偏低。

第三节 小结

第一，本章分析了中国旅行社业的产权结构。随着政府管制和准入限制的不断减低，民营资本不断进入旅行社业，根据测算，民营旅行社数量占全部旅行社的比重在80%以上，而国有独资及控股的旅行社大约只占到10%，但国有旅行社在营业收入和增加值这两项指标和民营旅行社基本相等，甚至在固定资产净值上超过民营旅行社，说明国有及控股旅行社单体规模较大，依然是中国旅行社业不可忽视和不可或缺的重要力量。

第二，本章提出了"中国旅行社业效率之谜"。即对不同产权结构旅行社的劳动生产率所进行的测算发现，国有及国有控股旅行社的劳动生产率高于民营旅行社，这似乎得不到文献的支持，被称为"旅行社业效率之谜"。从劳动生产率这一指标来看，外资旅行社效率最高，这一结果源于中国旅行社业对外资进入进行了较为严格甚至近乎苛刻的限制，保证只有效率较高、经营良好的境外旅行社可以进入中国市场。

---

① 旅行社业集中度的问题详见第六章。

第三，本章对"中国旅行社业效率之谜"进行了解释。改革开放以来，中国旅行社业主要处于劳动密集型产业阶段，一方面规模经济不突出，品牌效应较弱；另一方面创新能力不足，最主要的创新还是基于互联网的销售渠道创新。这导致民营旅行社对国有旅行社优势不明显。而国有旅行社又有地方政府或国家政府的背书，对旅游服务质量的要求高于民营企业，加之在"零负团费"的商业模式下，许多民营旅行社的账面收入较低，这些因素综合起来导致利用现有统计数据进行计量分析时，所呈现的结果为国有及控股旅行社的效率更高。

第六章
中国旅行社业的产业组织结构

本章聚焦中国旅行社业的产业组织结构问题。正如在文献综述部分所指出的,中国旅行社业长期以来被研究者称为"小散弱差",即产业组织结构较为松散,经营绩效差。因此,本章首先提出中国旅行社业产业组织结构问题的新结构经济学解释,然后推导出可以被验证的假说,并利用2010—2015年北京市旅行社的数据进行经验研究,最后探讨了如今中国的旅行社业是否还应被称为"小散弱差"。

第一节 中国旅行社业产业组织结构的新结构经济学分析

新结构经济学并没有专门针对产业组织结构的论述,其所提出的"最优产业结构"[①]主要应用于产业间分析,但是可以根据现有理论加以扩展以展开对旅行社业产业组织的研究。新结构经济学认为,处于初级发展阶段的国家,其要素禀赋结构呈现出劳动力或自然资源相对丰富,同时资本相对稀缺的特点,因而生产也多集中于劳动力或资源密集型产业,采用传统的、成熟的技术,生产"成熟的"产品,这些生产活动很少有规模经济(林毅夫,2014)。而高收入国家相对丰裕的要素不是劳动力和自然资源,而是资本,因而在资本密集型产业中具有比较优势,这些产业具有规模经济的特征。

换句话说,对于单一产业而言,当要素禀赋呈现劳动丰裕型阶段,产业内企业提

---

① 符合要素禀赋结构特征的产业结构,就是最优产业结构;如果违背了要素禀赋结构的特征,就背离了最优产业结构。

供的产品以劳动密集型为主要特征,劳动密集型所体现出的规模不经济,在产业组织结构上反映为低集中度;而当要素禀赋发展到资本丰裕阶段,企业提供的产业以资本密集型为主要特征,由于规模经济的存在,该产业的产业组织结构会更趋向于集中,垄断的程度随之提高。

在张辉和魏翔(2004)那篇引起广泛讨论的论文中,作者指出,中国旅行社经营的产品主要是观光型产品,技术含量较低。中小旅行社的产品成本尽管相对于大旅行社不占优势,但在管理成本上,中小旅行社具有成本优势,由此造成了中国旅行社业"大社不强,小社不精"的竞争局面[1]。

我们借用张军(1998)的模型[2]进一步进行解释,设每个旅行社的成本函数 C 为:

$$C = F + cq_i$$

其中 F 为固定成本,cq_i 为第 i 个旅行社的产量。再设旅行社的市场需求函数为:

$$Q = S(a - p)$$

即:

$$p = a - Q/S$$

S 为对市场需求规模大小的衡量,每个旅行社的利润函数为:

$$\pi = Pq_i - F - cq_i = \left(a - \frac{Q}{S} - c\right)q_i - F$$

利润最大化的一阶条件:

$$a - \frac{Q}{S} - c - \frac{q_i}{S} = 0$$

设 $q_i = q = Q/n$,n 为市场中可存活的旅行社数量,一阶条件变为:

$$q = S(a - c)/(n + 1)$$

市场的价格水平:

$$P = a - n(a - c)/(n + 1)$$

每个旅行社的利润函数:

$$\pi(n) = S\left[\frac{a - c}{n + 1}\right]^2 - F$$

每个旅行社的利润趋于 0,解出均衡条件下的 n:

$$n^* = (a - c)\sqrt{\frac{S}{F}} - 1$$

---

[1] 张辉,魏翔. 对中国旅行社业的经济分析与再定位[J]. 旅游学刊,2004(05):71-76.
[2] 张军. 需求、规模效应与中国国有工业的亏损:一个产业组织的方法[J]. 经济研究,1998(06):13-21.

从静态的角度看，对旅行社整体而言，由于其劳动密集型的产业特征，决定了其固定成本（F）值较小，从而旅行社的均衡数量较大。和从事国际旅游业务相比，经营国内旅游的旅行社需要的资本和技术更低，均衡数量更大，集中度更低。从动态的角度看，随着市场需求规模（S）的扩大，旅行社的数量（n）随之增加。市场规模和旅行社的数量不是线性增长关系，当市场规模为原来的两倍，旅行社数量只增加1.4倍。这说明有些旅行社扩大规模，或者发生了并购，使得旅行社数量的增长没有市场需求增长得快。接下来，随着要素禀赋结构向资本丰裕型和技术丰裕型转变，旅行社业向资本密集型和技术密集型产业转变。固定成本（F）的不断增长使得均衡状态下旅行社的数量随之下降，市场集中度不断提升。

因此，基于新结构经济学，并结合中国旅行社业的产业要素密集度特征，可以对旅行社的"小散弱差"的成因提出了一个新的解释：中国较长时期劳动力相对丰裕的禀赋结构决定了旅行社业的劳动密集型特征，从而形成较为松散的产业组织结构。如果这个假说成立的话，接下来的推论是，随着区域要素禀赋结构向资本丰裕和技术丰裕转变，产业内旅行社的规模将与企业劳动力要素的密集度呈现出负相关关系，随着时间的推移，整个产业的集中度会不断上升。要素丰裕程度的转变带动产业要素密集度的转变，在产业内部必定是由规模较大的旅行社拉动的，因为资本和技术相对于劳动力的价格下降，使得这些企业通过资本密集和技术密集更容易降低平均成本。而对于小旅行社来说，劳动力丰裕时代的成本优势将逐渐消失，企业必须通过并购、资产重组等手段更多地依靠资本和技术的力量来提升竞争力，否则将被市场所淘汰。无论如何，小旅行社的转型和生存要困难得多。接下来，我们对这个推论进行验证。

第二节 北京旅行社的集中度和经营绩效的实证分析

本研究选择北京为案例地对假说的推论进行进一步验证。从全国范围看，北京的经济发展水平较高，且增速较快。2015年，北京的人均GDP超过10万元人民币，和2010年相比增长了44%。可以判断北京的要素禀赋已逐步转变为资本丰裕和技术丰裕。根据罗浩等（2016）使用2010年数据进行的测算，北京的旅游经济增长属于资本驱动型省份[1]，在竞争之下，拥有自生能力的旅行社必定体现出资本密集和技术密集的特征，产业集中度会不断提升。

首先验证资源密集度和企业规模之间的关系。模型选择旅行社的人均固定资产净值和人均劳动生产率作为因变量，代表产业中各个企业的资源密集型特征，这两个数值越高，说明企业向资本和技术密集，数值越低，说明企业向劳动密集。同时，将企业的总资产作为自变量，代表企业的规模。建立两个回归方程：

$$ln(F) = \alpha + \beta ln(A) + u$$

$$ln(P) = \gamma + \theta ln(A) + \mu$$

其中，F 和 P 分别为旅行社的人均固定资产净值和人均劳动生产率，A 为旅行社的资产总额，α、β、γ 和 θ 为待估参数，u 和 μ 为随机误差项。模型使用2015年北京市1232家旅行社的截面数据，采用经典的线性回归模型（OLS）进行估计，为消除量纲影响，模型选择对数形式，结果如下。这里需要说明的是，由于旅行社采用全额确认收入的会计准则，在计算旅行社的人均劳动生产率时将交通运输部门、饭店、餐饮等创造的价值减掉，采用类似于计算旅行社营业税应纳税所得额的方法。

$$ln(F) = 0.062 + 0.129 ln(A)$$

$$t = (3.66) \quad DW = 2.0793$$

$$ln(P) = 2.224 + 0.237 ln(A)$$

$$t = (12.25) \quad DW = 1.9985$$

为了更加直观地观察旅行社规模、密集型特征与经营绩效之间的关系，将北京旅行社划分为大型社、中型社和小型社[2]，并进行对比分析。表6-1显示，企业规模越大，资本和技术的密集度越高，经营绩效也越好。具体来看，2015年，北京的大型社共71家，净利润为5.16亿元，净资产收益率为6.0%；中型社共506家，合计净利润仅为0.57亿元，净资产收益率为2.1%，这个数值甚至低于全国旅行社平均净资产收益率3.1%；小型社有655家，净利润为负。

---

[1] 罗浩，颜钰荛，杨旸.中国各省的旅游增长方式"因地制宜"吗？——中国省际旅游增长要素贡献与旅游资源比较优势研究[J].旅游学刊，2016（03）：43-53.

[2] 参照国家统计局对零售企业规模的划分标准，并结合旅行社业的实际情况，划分大、中、小型旅行社，年营业收入高于2亿元人民币的为大型社，年营业收入低于500万元人民币的为小型社，营业收入在两者之间的为中型社。

表 6-1　2015 年北京大型、中型和小型旅行社经营绩效

	数量（家）	净利润（亿元）	净资产收益率（%）	人均固定资产净值（万元/人）	人均劳动生产率（万元/人）
大型社	71	5.16	6.00	5.42	18.35
中型社	506	0.57	2.10	2.87	11.53
小型社	655	-0.66	-11.40	1.78	4.4

数据来源：北京市统计局内部数据。

进一步通过杜邦分析体系对大型社和中型社进行对比（表 6-2），大型社总资产净利率明显高于中型社，这表现在北京大型社的销售净利率和总资产周转率均高于中型社。销售净利率体现了企业的盈利能力，而总资产周转率体现企业的运营能力，在这两方面，大型社都强于中型社，这是规模经济的集中体现。

表 6-2　2015 年旅行社的杜邦分析对比

	销售净利率（%）	总资产周转率（%）	总资产净利率（%）	权益乘数（%）	净资产收益率（%）
中国旅行社	0.3	316.2	1.0	310.3	3.1
北京旅行社	0.7	211.6	1.5	284.6	4.3
北京大型社	1	233.1	2.3	260.8	6.0
北京中型社	0.3	187.9	0.6	363.9	2.1

数据来源：中国旅行社行业平均数据来源于国家旅游局官方网站，北京市旅行社的数据来源于北京市统计局内部数据。

接下来，我们对北京市旅行社的集中度进行测定，即按照贝恩的方法，分别以营业收入和资产总额为指标分别计算北京旅游市场中 4、8、20 个最大旅行社企业的市场占有率。以营业收入进行测算，北京旅行社业由竞争性产业进入寡占性产业（表 6-3）。2010—2012 年，$CR4$ 低于 20%，$CR8$ 大于 20% 小于 40%，$CR20$ 小于 50%，属于竞争力分散的低集中度产业。2014 年，以营业收入测算的 $CR4$、$CR8$ 和 $CR20$ 都有大幅提升，已经接近低集中寡占型。2015 年，$CR4$ 接近 30%，$CR8$ 接近 40%，北京旅行社业即将成为寡占性产业。

表 6-3　以营业收入测算北京旅行社业集中率（Concentration ratio）测定

	2015 年（%）	2014 年	2012 年	2011 年	2010 年
$CR4$	25.64	24.10	14.20	15.10	15.60
$CR8$	37.96	34.80	24.30	25	25.30
$CR20$	53.16	52.40	46.70	47.40	46.70

数据来源：北京市统计局内部数据。

以资产总额进行测算，北京旅行社集中的趋势更加明显，2015年，$CR4$ 已经超过 40%，$CR8$ 超过了50%，$CR20$ 超过了65%，接近70%。同样表明北京旅行社业接近低集中寡占性产业特征（表6-4）。从2010—2015年的 $CR4$、$CR8$ 和 $CR20$ 的变化来看，随着北京人均GDP的不断上升，要素禀赋呈现出资本和技术丰裕的特征，旅行社业的集中度不断提高。

表6-4　以资产测算北京旅行社业集中率（Concentration ratio）测定

	2015年	2014年	2012年	2011年	2010年
$CR4$	40.53%	32.20%	34.20%	34.80%	36.70%
$CR8$	53.21%	45.20%	46.70%	44.30%	47.40%
$CR20$	67.83%	62.50%	64.40%	64.10%	65.20%

数据来源：北京市统计局内部数据。

第三节　当今中国旅行社业的产业组织结构与绩效

对于中国旅行社业整体的产业组织结构，由于缺乏足够的数据支持，本书很难得出较为准确的结论。但可以得出一个基本的判断，就是整体产业集中度依然不高，按照营收计算的 $CR4$ 大概在10%左右[①]。同时，也应该看到，如今中国旅行社业和十多年前相比，已经有了长足进步。首先，中国旅行社业的整体规模已经达到和超过了发达国家，已经没有十几年前整个行业收入不及国外一家企业的情形。按照汇率计算，2015年中国旅行社业的营收规模已经超过了日本，达到了德国的2.2倍。从发展趋势上看，中国旅行社依然处于快速增长的通道上，而日本旅行社业发展停滞，德国旅行社业发展的增速趋缓（表6-5）。

表6-5　2010—2015年中国、德国和日本旅行社整体规模对比

年份（年）	中国旅行社		德国旅行社		日本旅行社	
	数量（家）	营业收入（亿元）	数量（家）	营业收入（亿欧元）	数量（家）	营业收入（亿日元）
2010	22 784	2353.9	–	–	9404	66 310
2011	23 690	2871.8	–	–	9360	55 350

[①] 根据国家旅游局发布的《2015年度全国旅行社集团二十强》，众信旅游集团排名第四，按照其营业收入乘以四除以中国旅行社业的总营收小于10%。

续表

年份（年）	中国旅行社		德国旅行社		日本旅行社	
	数量（家）	营业收入（亿元）	数量（家）	营业收入（亿欧元）	数量（家）	营业收入（亿日元）
2012	24 944	3374.7	—	—	9274	58 500
2013	26 054	3599.1	9729	228	9308	59 500
2014	26 650	4029.6	9829	231	9143	60 600
2015	27 621	4189.0	9880	237	9074	—

数据来源：中国旅行社数据来源于2011—2015年中国旅游统计年鉴（副本）和国家旅游局官方网站；德国旅行社数据来源于 https://www.drv.de/；日本旅行社数据来源于 http://www.jata-net.or.jp。

其次，中国旅行社业涌现出一批较为优秀的企业，这些企业和国际上的著名旅行社进行对比，依然不落下风。全国旅游集团二十强蝉联第一的"携程"集团，2015年的交易额超过3000亿元人民币[①]，净利润高达25亿元人民币。尽管和西方（主要是美国）一些旅行社相比还有差距[②]，但在亚洲范围内，和印度、日本、韩国的旅行社相比[③]，已经是规模最大，增长速度最快，经营绩效最好的旅行社。2014年，"众信旅游"成为A股市场上首家民营旅行社上市公司，2015年，"众信旅游"的营收达到83亿元，净利润为1.8亿元。同年，"凯撒旅游"借壳"易食股份"登陆A股，成为国内第二家上市民营旅行社，其净利润也达到2亿元。上海春秋国际旅行社（集团）有限公司以116亿元的营收获得了"2015中国民营企业500强"的411位。中青旅作为老牌上市公司，2015年旅行社业务营收也超过了50亿元。2016年，国旅和港中旅合并，成立中国旅游集团，该集团总资产超过1500亿元，麾下三家上市公司销售额超过1000亿元，利润总额近60亿元[④]。此外，还有广州广之旅、广东省中旅、重庆海外旅业等优秀的企业。很多旅行社也通过登录新三板获得融资，做大规模，截至2017年4月底，有44家旅行社已挂牌新三板。

最后，中国旅行社业的劳动密集型产业特征决定了中国旅行社业集中度仍不高，

---

① 数据来源于梁建章2016年1月在公司内部年会上发表的演讲。
② 2015年，Priceline的净利润为25.3亿美元，净资产收益率高达29.39%；Expedia的净利润为7.6亿美元，净资产收益率为23%。
③ 2015年，印度的旅游业龙头，1758年创立的Cox&Kings，收入约是携程的23%，净利润约为携程的4%，市值约为携程的2%。印度最大的在线旅行社Make My Trip，收入接近携程的20%。日本交通公社（JTB）营业额在2014年就被携程超越，2015年其净利润为9亿元人民币，占携程的36%，而且近年来JTB的交易额、毛利都不断下降。哈拿多乐旅行社（Hanatour）是韩国旅游业的龙头企业，2015年的收入规模占携程的25%，净利润占携程的7%。
④ 数据来源于中国旅游集团CEO姜岩2016年接受记者采访透露的信息。

但是，由于区域间经济发展水平的巨大差异，在资本和技术较为丰裕的区域（例如北京地区），旅行社业的集中度呈现出逐步上升的趋势。随着中国要素禀赋结构的不断提升，旅行社业将越来越体现出资本密集型和技术密集型的产业特征，整个行业的集中度会不断提升。

第四节 小结

本章利用新结构经济学的相关理论重新审视了中国旅行社业的"小散弱差"问题，笔者认为，长期以来中国旅行社业的集中度低、绩效差的本质是发展阶段问题，是改革开放后较长时期我国劳动力相对丰裕的要素禀赋结构决定了旅行社业的劳动密集型产业特征。而劳动密集型产业体现出较为松散的产业组织结构，规模经济难以实现。可以说，所谓"小散弱差"是转型经济体旅行社业发展的必经阶段。

随着中国经济的增长、资本的积累和技术的进步，如今的中国旅行社业，产业规模不断扩大，企业实力逐渐增强，尽管中国旅行社业整体上集中度仍然不高，但在资本和技术较为丰裕的地区，旅行社业规模经济开始显现，并购和重组频发，区域内产业的集中度不断提升。更为重要的是，我国旅行社业依然处于高速增长的阶段。无论如何，再用"小散弱差"来形容中国旅行社业，恐怕不合时宜。

第七章
中国旅行社业的空间结构与产业集聚

本章转向旅行社业的空间结构和产业集聚分析。理论上讲，旅行社业增长变化最终都会在空间上有所体现。本章研究的困难之处在于，在当代对于产业集聚和空间结构的分析，大多基于克鲁格曼以报酬递增和垄断竞争为基本假设的新贸易理论和新经济地理学（Krugman，1979），而本章试图在新结构经济学的框架下讨论该问题。而新结构经济学恰恰在这方面论述较少。

可以讨论和说明的是，正如本研究在文献综述中所阐释的，现代经济理论，大多为了解释发达国家的经济现象。新贸易理论和新新贸易理论从产业到企业，最终都指向了劳动生产率问题。显然，在一个长期以劳动密集型产业为主要特征的发展中经济体，持续的劳动生产率提高并不现实。一个经济体只有通过不断的工业化，要素禀赋向资本和技术丰裕转变，规模经济和报酬递增才会出现，劳动生产率才会不断提升，从这个意义上，作为发展经济理论的新结构经济学和现代贸易理论并不冲突，而是互为补充和解释。

在本章第一节给出不同时间旅行社在各省的空间分布，第二节运用区位熵的方法来计算旅行社业的产业集聚程度，第三节尝试运用新结构经济学对旅行社的产业集聚进行解释，并运用面板数据模型，讨论了旅行社的产业集聚是否可以提高劳动生产率，最后是简短的小结。

第一节　中国旅行社业的空间分异

一、旅行社数量的空间分布

图7-1显示了中国31个省区市①2000年、2005年、2010年和2015年旅行社数量在地理空间上的四分位图。通过对比可以发现，第一，旅行社数量在空间格局上有着较为明显的分布特征：主要集中在东部沿海地区，辽宁、江苏、浙江、山东和广东一直位列第一级，贵州、西藏、甘肃、青海和宁夏这些西部省份则一直位列第四级；从动态变化看，中部地区数量增长较为明显，内蒙古的旅行社数量从2000年的第四级上升到2005年和2010年的第三级，再上升到2015年的第二级。西部的四川和云南旅行社数量分别从2000年的第二级下降到2015年的第三级。

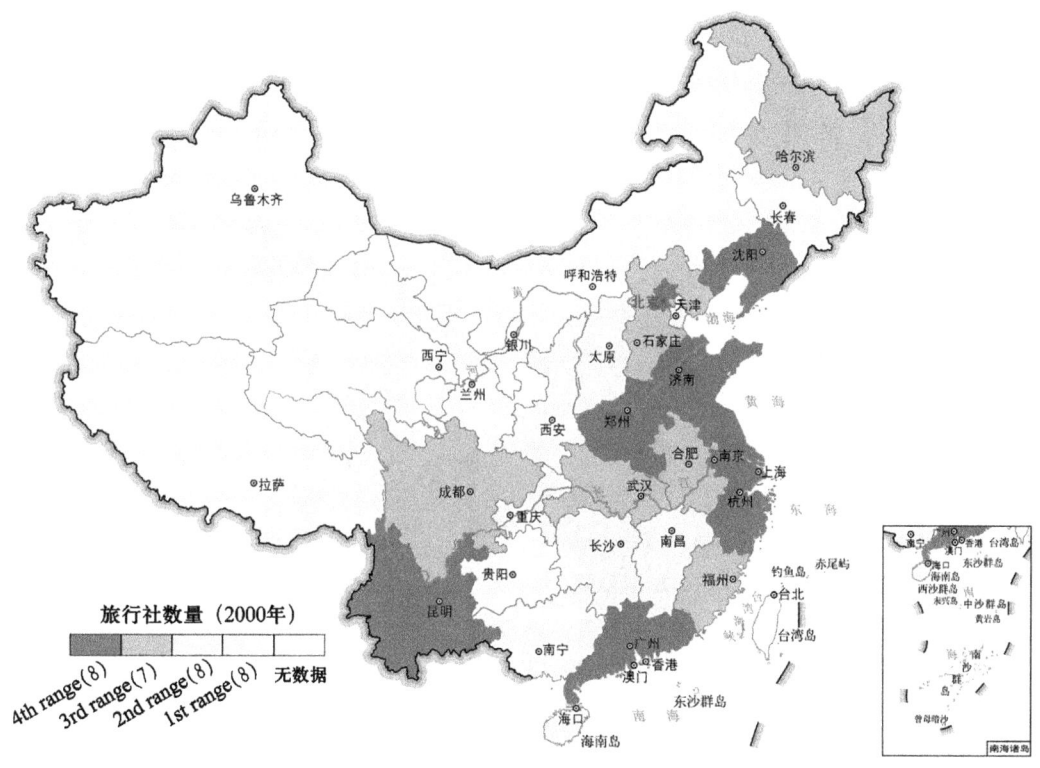

---

① 中国台湾地区、香港特别行政区、澳门特别行政区数据暂缺。

中国旅行社业的增长与结构

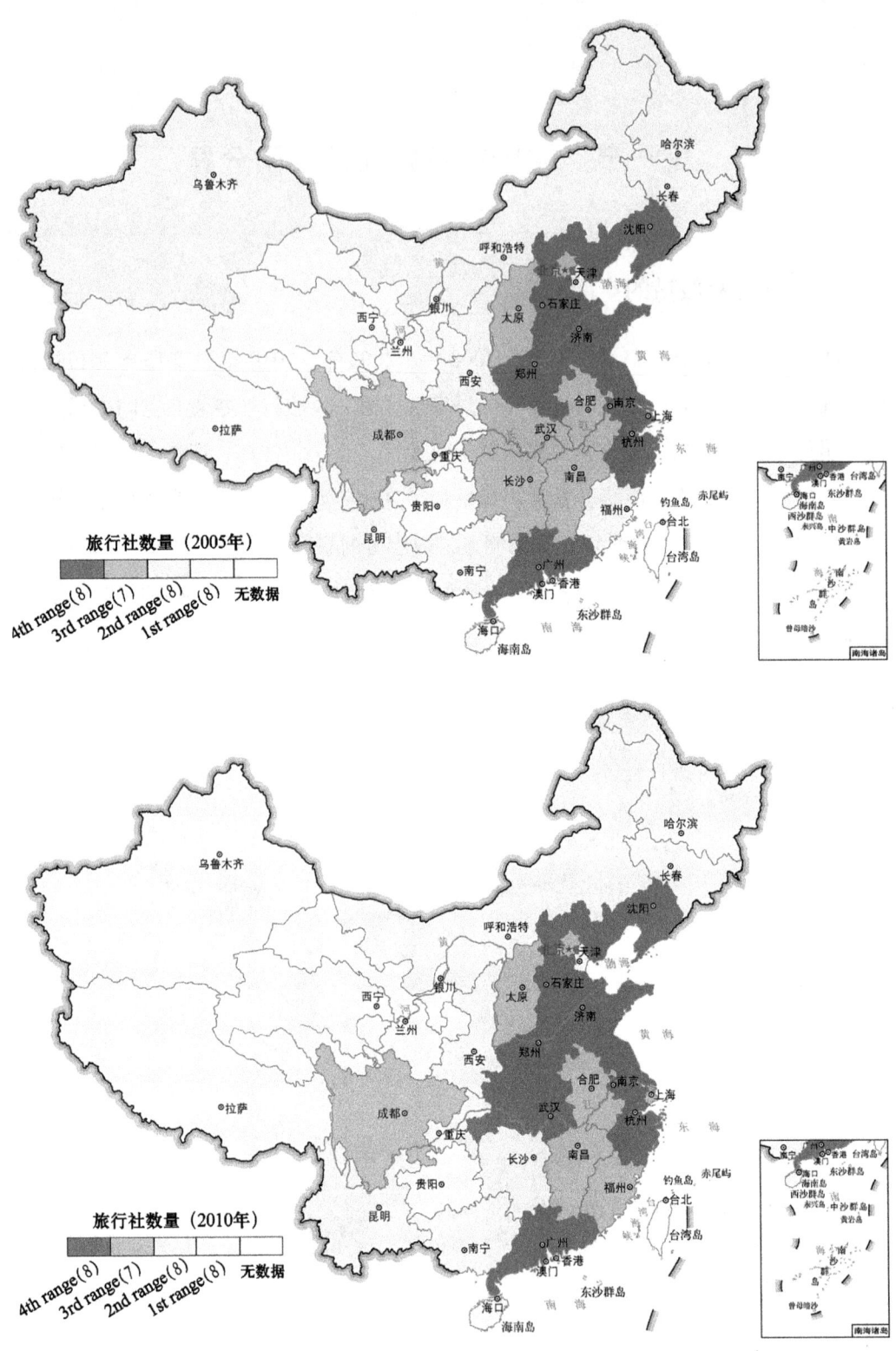

中国旅行社业的空间结构与产业集聚 第七章

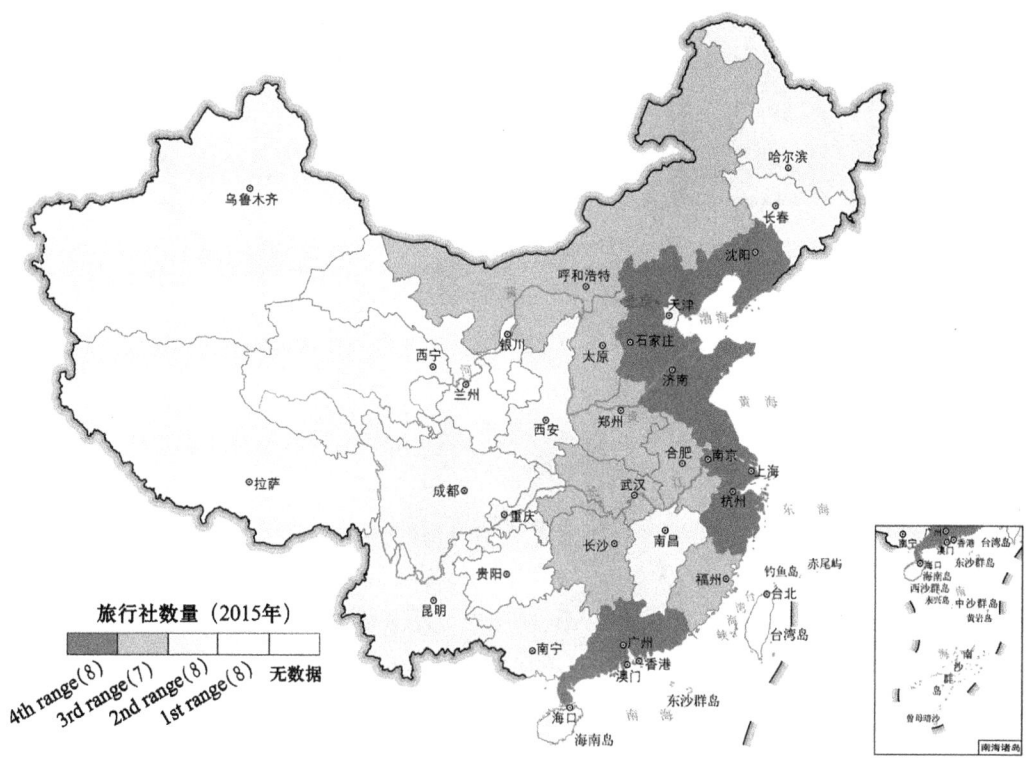

图 7-1　2000 年、2005 年、2010 年、2015 年旅行社数量省域四分位图
资料来源：国家测绘地理信息局网站，审图号：GS（2016）1599 号。

二、旅行社从业人员数的空间分布

图 7-2 显示了中国 31 个省区市 2000 年、2005 年、2010 年和 2015 年旅行社从业人员数在地理空间上的四分位图。北京、上海、江苏、浙江、山东和广东这些东部沿海省市旅行社从业人员数量在四个年份一直位列第一级，而四川和云南这两个西部省份旅行社从业人员数在 2000 年也曾位列第一级，随后排名开始下降，在 2015 年这两个省份旅行社从业人员数分别下降到第三级和第二级。

中国旅行社业的增长与结构

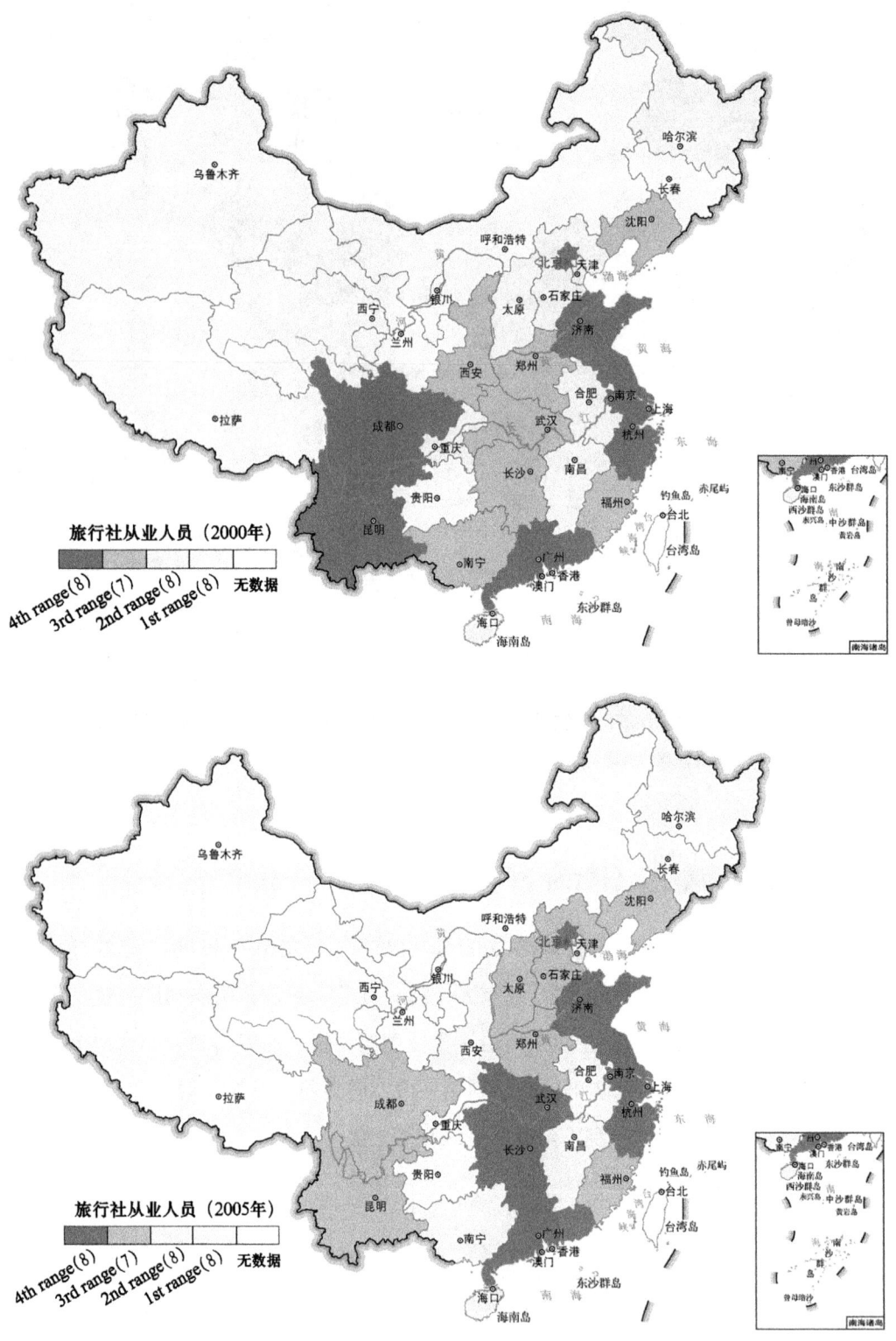

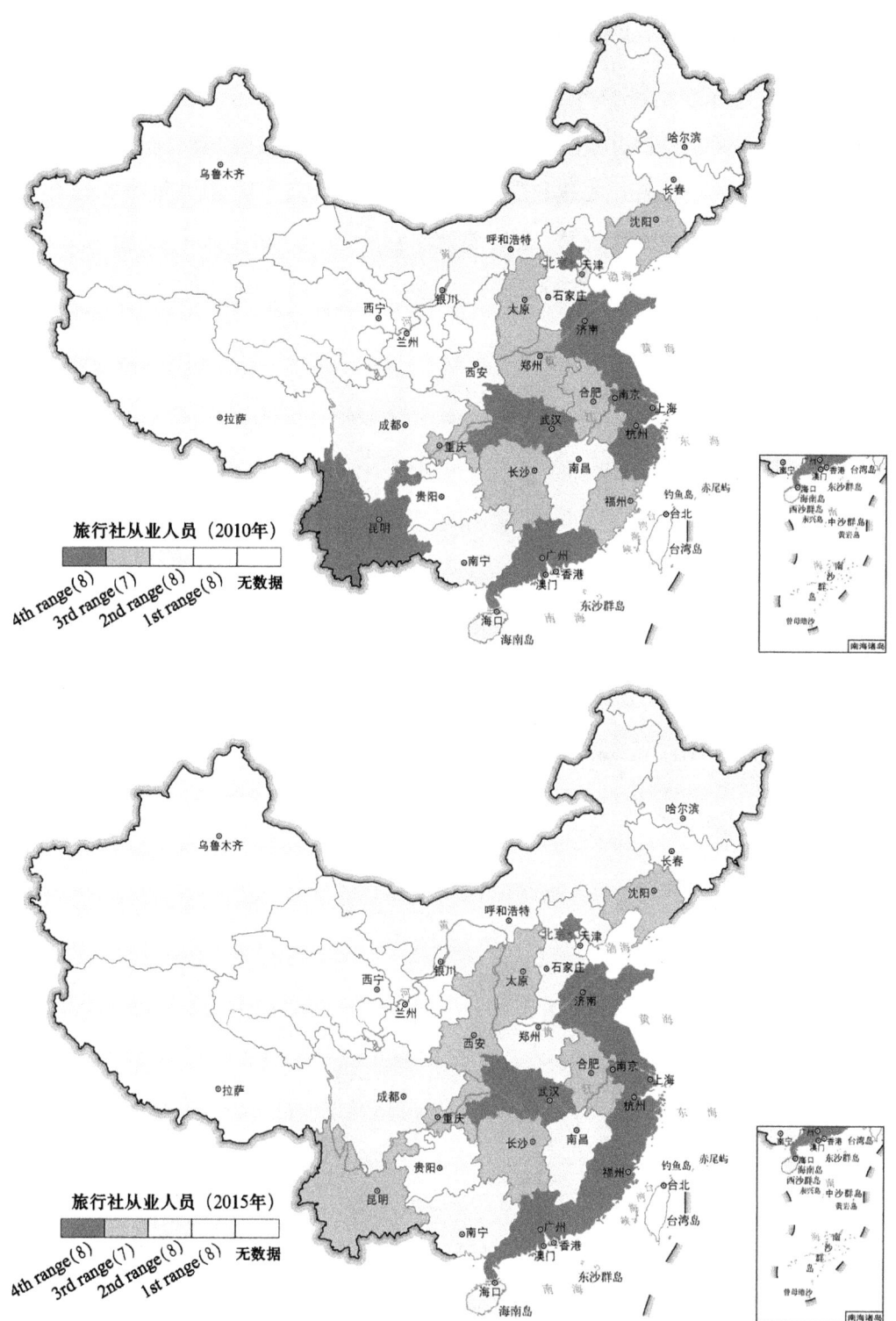

图7-2 2000年、2005年、2010年、2015年旅行社从业人员数省域四分位图

资料来源：国家测绘地理信息局网站，审图号：GS（2016）1599号。

三、旅行社业营业收入的空间分布

图 7-3 则显示了中国 31 个省区市 2000 年、2005 年、2010 年和 2015 年旅行社营业收入在地理空间上的四分位图。在四个年度一直处于第一级的依然是东部沿海省市：北京、上海、江苏、浙江、福建和广东。西部地区的云南省从 2000 年和 2005 年第一级下降到 2010 年和 2015 年的第二级，贵州省则从 2000 年的第四级上升到 2015 年的第三级，中部地区的湖北省从 2000 年的第三级逐步上升到 2015 年的第一级。

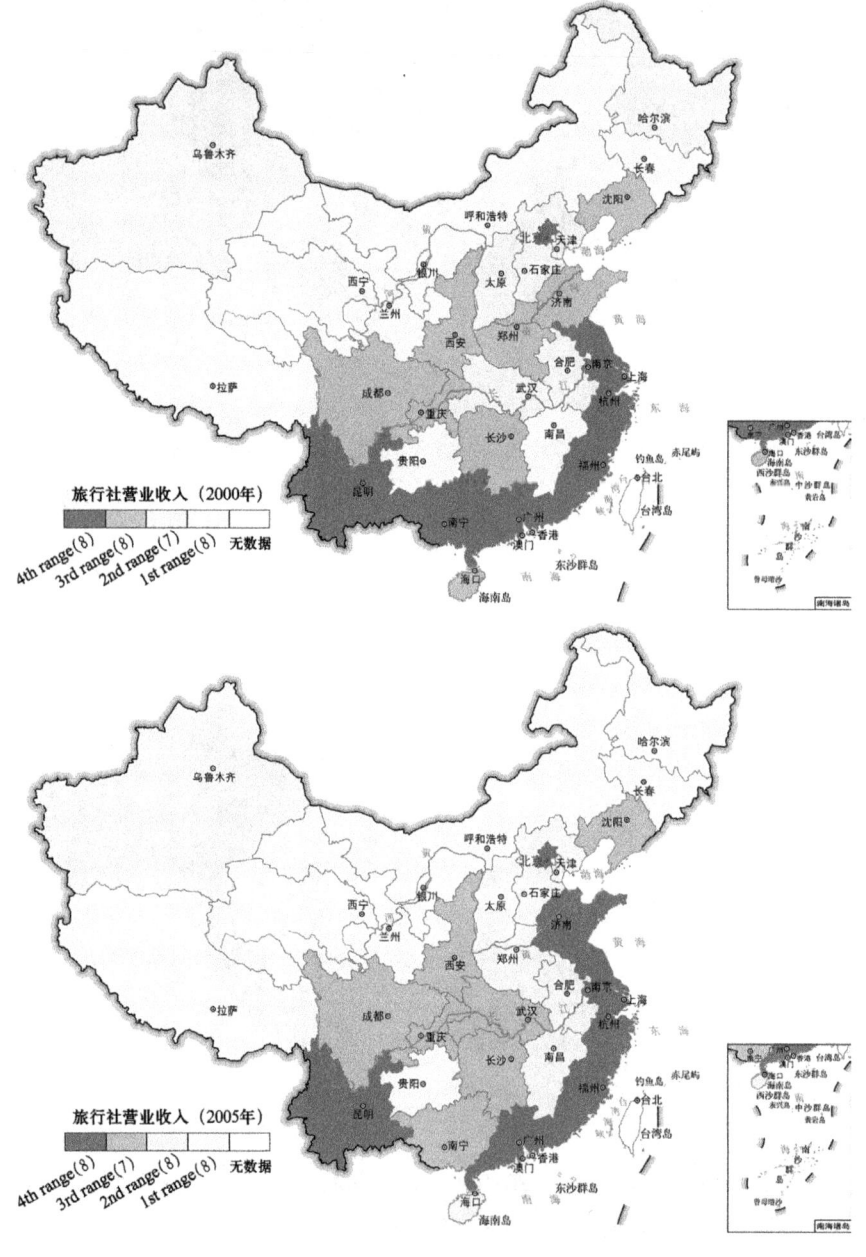

第七章 中国旅行社业的空间结构与产业集聚

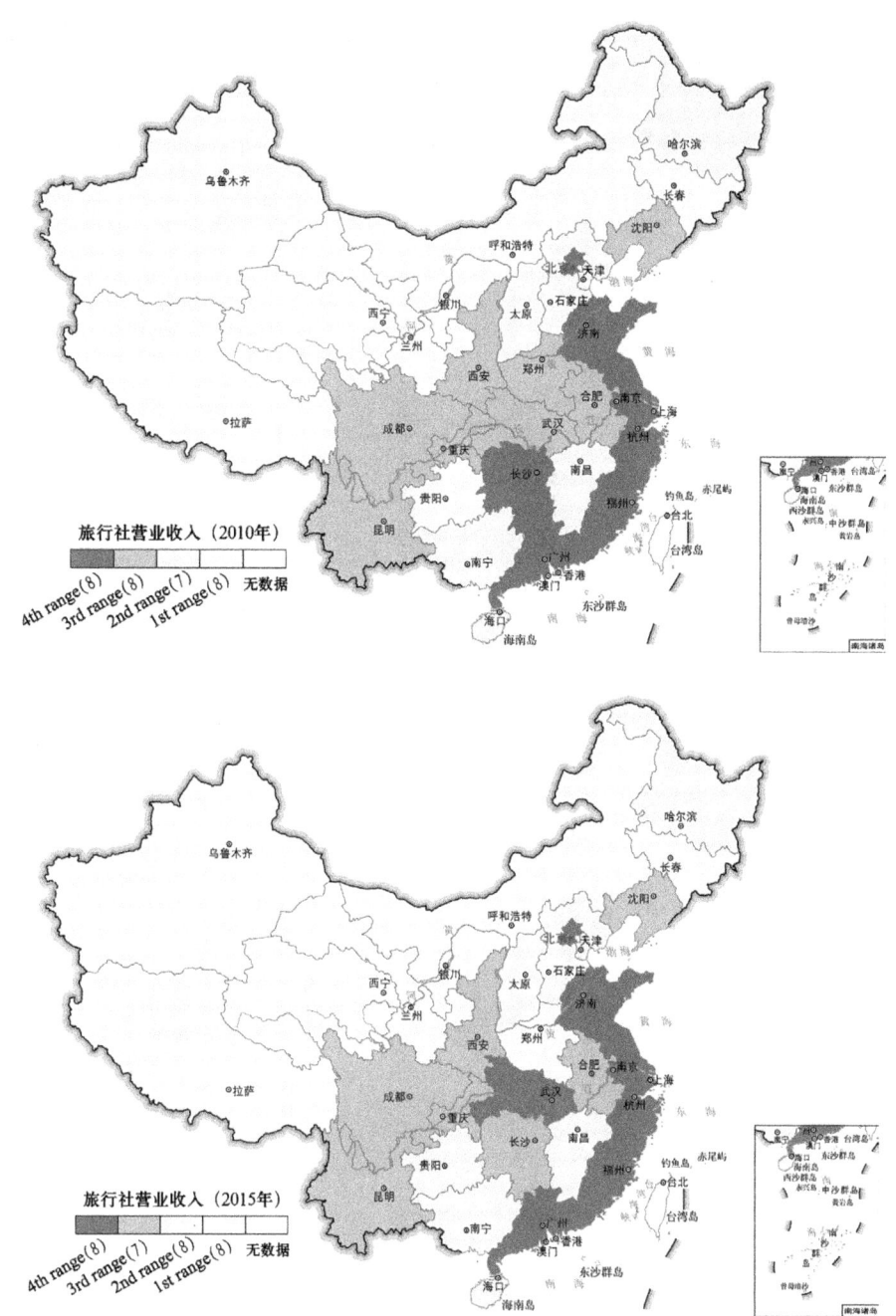

图 7-3　2000 年、2005 年、2010 年、2015 年旅行社营业收入省域四分位图

资料来源：国家测绘地理信息局网站，审图号：GS（2016）1599 号。

四、旅行社业增加值的空间分布

图 7-4 则显示了中国 31 个省区市 2000 年、2005 年、2010 年和 2015 年旅行社增加

— 95 —

值在地理空间上的四分位图。该图和图 7-3 非常相似，在四个年度一直处于第一级的省市和图 7-3 完全相同，都是北京、上海、江苏、浙江、福建和广东六省市。处于中国中部的湖北省在 2015 年同样跨越到第一级，西部省份云南省变化趋势和图 7-3 一致。

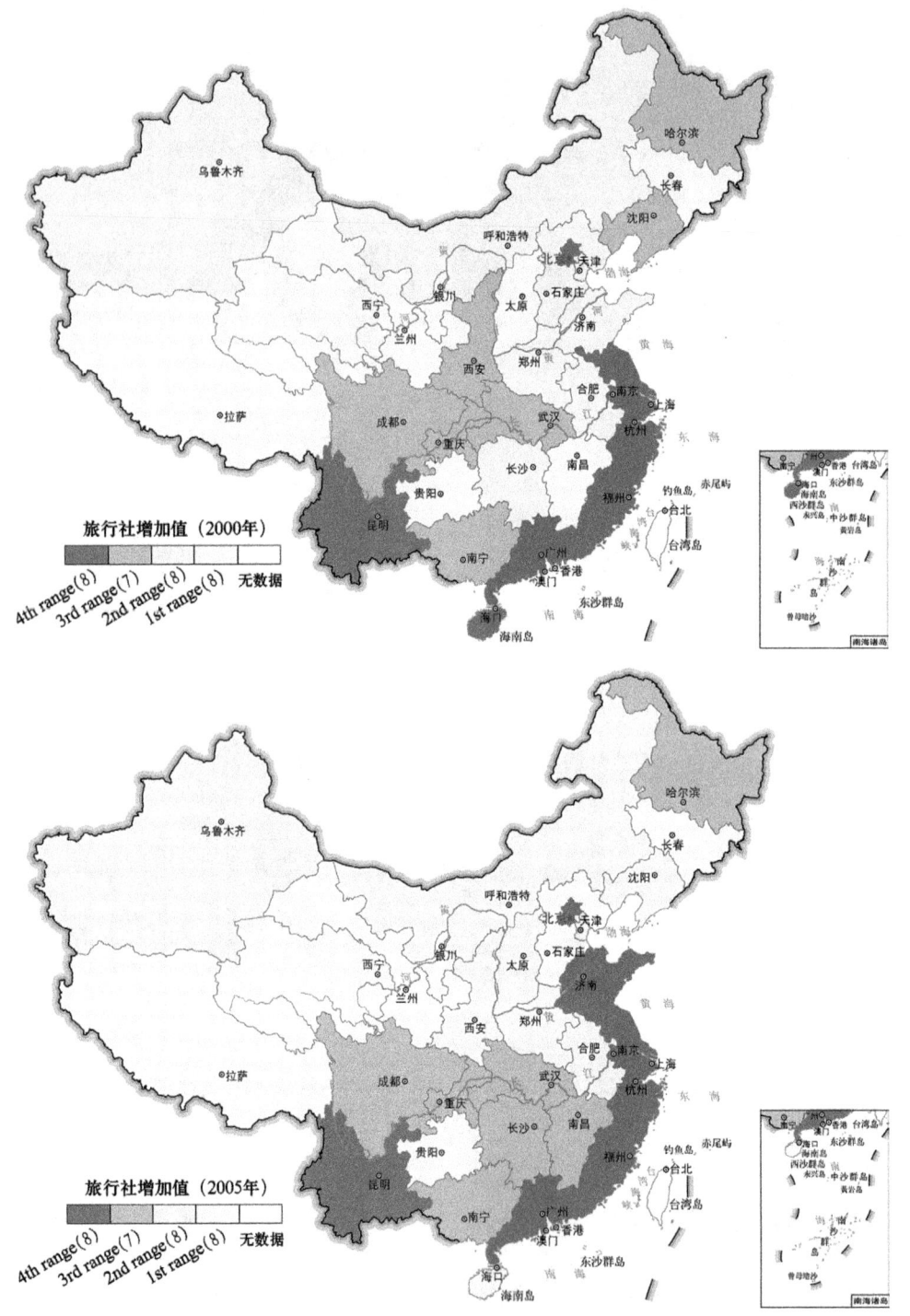

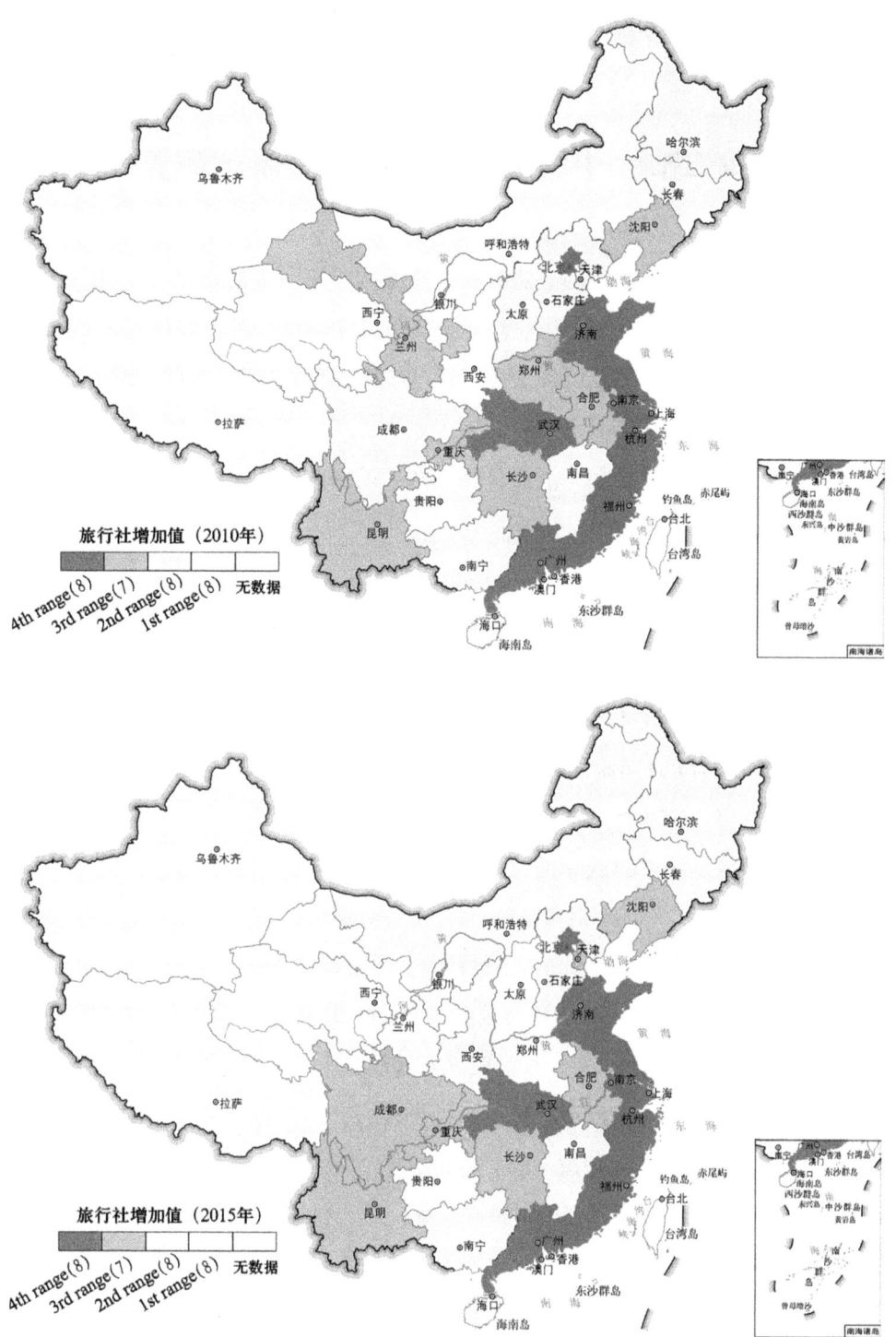

图 7-4　2000 年、2005 年、2010 年、2015 年旅行社增加值省域四分位图

资料来源：国家测绘地理信息局网站，审图号：GS（2016）1599 号。

第二节　中国旅行社业产业集聚的测算

一般来说，测量产业集聚的方法有区位熵指数、空间基尼系数、EG 指数，等等。考虑到数据的可得性，本章采用区位熵指数来测算中国旅行社业在各省的空间集聚程度。区位熵又被称为生产的地区集中度，指一个区域（例如省）某产业的产值占区域总产值的比重，和高层次区域（例如国家）该产业产值占区域总产值比重，两者相除所得之商。区位熵用以衡量某一产业在某一区域的空间分布情况，反映这一产业在该区域的专业化程度[1]。公式为：

$$Le_{it} = \frac{Z_{it}/GDP_{it}}{Z_t/GDP_t}$$

其中，Le_{it} 为 i 省 t 时期的区位熵指数，如果该指数大于 1，说明区域内产业集聚的趋势较为明显；如果该指数小于 1，则产业集聚的趋势并不显著。Z_{it} 为 i 省 t 时期旅行社业增加值，Z_t 为 t 时期旅行社业增加值总值，由各省 Z_{it} 加总得到。GDP_{it} 为 i 省 t 时期地区生产总值，GDP_t 为 t 时期国内生产总值，由各省地区生产总值加总得到。旅行社业的增加值依然按照第四章的方法，根据旅行社业的"营业税金及附加"计算得到，公式为

旅行社增加值≈旅行社营业税金及附加 /5.6%

数据的时间跨度为 1997—2015 年，旅行社的"营业税金及附加"数据来源于历年《中国旅游统计年鉴》，各省 GDP 数据来源于国家统计局官方网站。

从测算结果看，区域间旅行社区位熵差异较大，说明旅行社业在中国确实产生一定程度的产业集聚。区位熵超过 1 的省（市、区）包括北京、上海、浙江、广东、海南、重庆、云南和西藏，而低于 0.5 的省（市、区）包括河北、山西、内蒙古、辽宁、吉林、山东、河南、四川和宁夏。

---

[1] 郭悦.产业集聚对中国旅游业全要素生产率的影响研究［D］.长春：东北师范大学，2015,10-11.

表 7-1 中国旅行社业产业聚集的省域分布

省（市、区）	区位熵指数	省（市、区）	区位熵指数	省（市、区）	区位熵指数
北京	5.603113	浙江	1.000888	海南	3.786079
天津	0.537441	安徽	0.536821	重庆	1.03295
河北	0.192802	福建	0.991939	四川	0.495806
山西	0.339916	江西	0.502362	贵州	0.601594
内蒙古	0.371429	山东	0.416502	云南	1.660977
辽宁	0.444677	河南	0.236418	西藏	2.194862
吉林	0.235713	湖北	0.674037	陕西	0.62831
黑龙江	0.728384	湖南	0.513194	甘肃	0.565742
上海	2.512626	广东	1.915977	青海	0.548275
江苏	0.701424	广西	0.810966	宁夏	0.449384
				新疆	0.666639

注：区位熵指数是基于1997—2015年各省算术平均值计算得到。

附录给出了1997—2015年省域旅行社区位熵的计算结果，从不同区域旅行社集聚度的变化看，北京和上海一直保持较高的集聚程度，2007年以后，北京只在2010—2012年区位熵低于5，而上海则是从2009年到2011年区位熵有所降低。福建近年来区位熵指数不断上升。

第三节　中国旅行社业产业集聚的新结构经济学解释

大量的文献都在讨论产业集聚的效应问题，很少有文献在产业集聚的形成机制上给予理论的阐释。笔者认为，根据新结构经济学的理论框架，随着要素禀赋结构逐渐从劳动力丰裕向资本丰裕转变，旅行社业逐步表现出资本密集型的产业特征，增长过程中资本的贡献率提升，存在一定的规模经济和报酬递增，产业集聚才会出现。据此提出可以被验证的假说：

假说1. 在中国旅行社业的增长过程中，资本贡献率和产业集聚水平之间存在正相关关系。

而随着区域内旅行社业产业集聚的水平的上升,旅行社业内同行之间的交流显著增强,存在知识外溢以及广大且成熟的劳动力市场,区域内旅行社产业链上下游的分工体系较为完善[①]。此外,如本书第六章所阐述的,要素禀赋结构的转变使得旅行社业规模经济逐渐显现,产业集中度不断提升。这些因素综合起来,减少了旅行社的交易费用,增强了正外部性,降低了成本,提升了旅行社业的劳动生产率,于是,本章提出第二个假说:

假说2. 中国旅行社业产业集聚水平的上升通过减少交易费用等方式提高产业的劳动生产率。

首先对假说1进行经验检验,构建一个模型来考察旅行社的产业集聚和资本贡献率之间的关系:

$$\overline{Le} = \alpha + \beta \overline{Cr} + u$$

其中,$\overline{Le}$为某省各个时期旅行社区位熵的平均值,数据见表7-1,$\overline{Cr}$为某省旅行社增长资本贡献率的平均值,数据见表4-13,α和β为待估参数,u为随机误差项。模型使用30个省(不包括山西)的平均值数据,采用经典的线性回归模型(OLS)进行估计,结果如表7-2所示。

表7-2 模型的回归结果

统计量	回归系数	标准差	t-统计量	p值
常数项	−0.46687	0.456925	−1.02177	0.3156
资本贡献率	4.374286	1.211233	3.611434	0.0012
R^2	0.31778	DW	1.75445	
F统计量	13.04245	p值(F统计量)	0.001178	

资本贡献率的回归系数为正,且在不到1%的水平下显著,说明资本贡献率是解释产业集聚的形成的重要原因之一。

接下来,对第二个假说进行经验检验,即产业集聚能否提升旅行社的劳动生产率。构建如下模型:

$$LP = \gamma + \theta Le + \mu$$

其中,LP为旅行社的劳动生产率,数据来源于1998—2016年《中国旅游统计年鉴》的分省数据,计算方法为各省旅行社的增加值除以从业人员数,其中增加值的计算采用第四章的方法。Le为旅行社的区位熵,代表产业集聚程度,γ和θ为待估参数,μ为

---

① 旅行社业分工体系的问题在下一章展开讨论。

随机误差项。模型采用省域面板数据模型进行估计，时间跨度为 1997—2015 年，变量的描述性统计如表 7-3 所示。

表 7-3　变量的描述性统计

变量	观测数	均值	标准差	最小值	最大值
劳动生产率	589	4.859926	5.376823	0.27632	90.26591
区位熵	589	1.028943	1.579044	0.03313	24.73794

对变量首先进行单位根检验，结果表明 LP 和 Le 两个序列均为平稳序列，结果如表 7-4 所示。

表 7-4　变量的平稳性检验

	LP		Le	
	t 统计量	prob	t 统计量	prob
LLC	−18.6703	0.0000	−20.2712	0.0000
IPS	−11.1525	0.0000	−10.8413	0.0000
ADF	212.959	0.0000	194.065	0.0000
PP	201.462	0.0000	202.653	0.0000
结论	平稳		平稳	

接下来进行协整检验，如表 7-5 所示，这里使用 Pedroni 方法，结果显示，除了 Panel v-Statistic 没有通过显著性检验外，所有统计量均在 1% 的置信水平下通过检验。说明两个变量间存在协整关系。

表 7-5　变量的协整检验

统计量	LP 和 Le	
	Statistic	Prob.
Panel v-Statistic	−3.53644	0.9998
Panel rho-Statistic	−11.5873	0.0000
Panel PP-Statistic	−13.5457	0.0000
Panel ADF-Statistic	−8.18829	0.0000
Group rho-Statistic	−4.30624	0.0000
Group PP-Statistic	−11.2193	0.0000
Group ADF-Statistic	−6.21	0.0000

对方程分别采用固定效应和随机效应模型进行估计，结果如表 7-6 所示，方程的系数通过了 1% 的显著性水平检验，说明方程有效，区位熵的系数在 2.04 左右，表明

劳动生产率和产业集聚之间存在较强的正相关关系，说明中国旅行社业产业集聚的上升能够提高劳动生产率。

表 7-6 面板数据模型回归结果

变量	固定效应		随机效应	
	系数	t 值	系数	t 值
区位熵	2.033361	13.06***	2.046504	15.78***
常数项	2.767713	11.81***	2.754189	9.26***
F 值	2.34			
R^2	0.2343			

注：*** 表示 1% 水平下显著。

第四节 小结

第一，从中国旅行社业的空间分布看，北京、上海、江苏、浙江、广东等东部沿海省市旅行社各项指标均排名靠前，中部地区的湖北省近年来旅行社业发展较为迅猛，西部的四川和云南两省旅行社虽然在数量和从业人员数两个指标上最近排名有所下降，但营业收入和增加值排名仍位列第二级，说明这些地区产业升级的发生，笔者将在下一章节集中讨论。

第二，通过区位熵的方法测算产业集聚程度，可以判断中国旅行社业确实存在一定程度的产业集聚。区位熵平均值超过 1 的省（市、区）包括北京、上海、浙江、广东、海南、重庆、云南和西藏，近年来，福建旅行社的产业集聚度则不断上升。

第三，经验研究显示，随着地区旅行社业增长资本的贡献率提升，存在一定的规模经济和报酬递增，产业集聚效应才会不断显现出来，而产业集聚的加强通过减少交易费用，增强正外部性的方式提高劳动生产率。

第八章 中国旅行社业的产业分工与产业升级

产业升级是产业结构转换和产业效率提高的过程,也是经济发展过程中产业内部逐渐形成的不断适应产业发展环境变化、不断进行技术创新的能力培育过程(冯梅,2014)。一般而言,产业升级涉及两个层面的问题,一是经济体内不同产业间的产业转移和产业升级,有研究表明,在中国,雁阵式的产业转移和产业升级已经发生(蔡昉,等,2009;曲玥,等,2013;唐根年,等,2015;张其仔,2014),即沿海地区的产业升级、转移与中西部地区的产业承接(蔡昉,等,2009)。但同时,在雁阵式产业升级过程中,由于东部向中西部转移产业的同时自身产业升级的方向并不十分清晰,因此也面临比较优势陷阱的风险,应注意防范(张其仔,2014)。另一个层面则是指,某一个特定的产业从价值链的低端环节向中高端环节"攀升"的过程(苏杭,等,2017),或者说从劳动密集型产业向资本和技术密集型产业转变的过程(赖俊平,等,2011)。

本章主要关注中国旅行社业的产业升级,旅行社业作为现代服务业,产业升级的规律和特征可能有所不同。但在研究中国旅行社业的文献中,几乎看不到对这一问题的关注,而更多是集中在旅行社业的分工体系。在众多学者看来,由政府主导下水平分工体系,使得众多旅行社所形成的"大而全""小而全"的状态,是造成整体旅行社业效率低下、难以达到规模经济的重要原因(郭鲁芳,张素,2007;孙睦优,2006;姚延波,左坚,2001)。

因此,在讨论旅行社业的产业升级之前,需要首先对产业的分工体系进行梳理和分析。如果中国旅行社业长期以来一直保持水平分工体系[①],而没有垂直体系下的分工,那么产业升级问题根本无从谈起,只能说明中国旅行社业还处于稚嫩期,远远没有发育和成熟。

---

① 即不同旅行社只是面向的市场不同,有的旅行社开展入境旅游业务,有的从事国内旅游业务,有的则经营出境旅游业务。

第一节　中国旅行社业产业分工的经验分析

对于中国旅行社业分工体系的探讨，一直缺乏经验研究，这和中国旅游业的统计数据匮乏不无关系。而且，对于旅行社业，没有批发商、零售商这样的分类，在统计上，只有组团（外联）人数、接待人数的区分。因此，需要将组团、接待人数转换成批发、零售的人数，本研究以在旅行社产业链条最为完整的国内旅游业务为例进行说明。根据《统计法》的规定，旅行社经营国内旅游业务，每个月要向该地统计部门上报组团和接待的情况（图 8–1），其中，“国内旅游者组团人数”是指报告期内旅行社招徕组织国内团队游客人数。组团人数包括国内旅游者人数和国内一日游游客人数；“接待国内旅游者人数”指报告期内旅行社接待国内团队游客的人数。接待人数包括本社组团本社接待和其他旅行社组团本社接待的国内游客人数①。如果该旅行社只从事旅游零售业务，那么在统计中仅上报组团人数；如果该旅行社只从事接待业务，那么在统计汇总中仅上报接待人数；理论上，对于旅游批发商来说，应该同时上报组团人数和接待人数②。

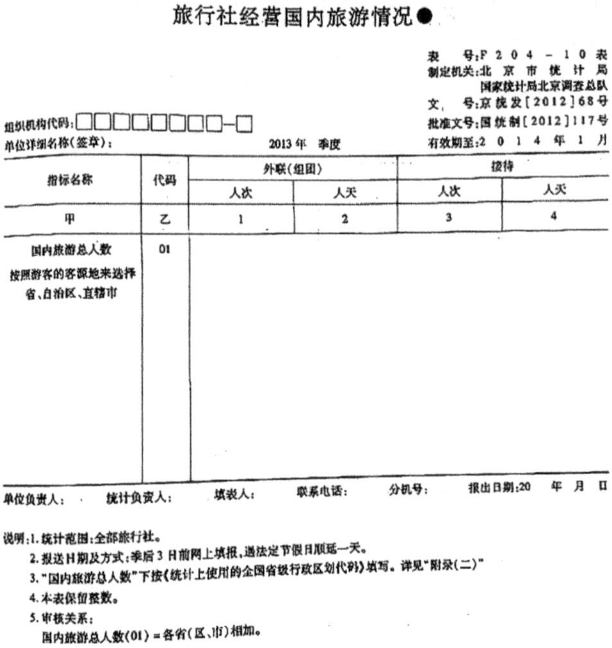

旅行社经营国内旅游情况●

表　　号：F204－10表
制定机关：北京市统计局
国家统计局北京调查总队
文　　号：京统发[2012]68号
批准文号：国统制[2012]117号
有效期至：2014年1月

组织机构代码：□□□□□□□□－□
单位详细名称（签章）：　　　2013年　季度

指标名称	代码	外联（组团）		接待	
		人次	人天	人次	人天
甲	乙	1	2	3	4
国内旅游总人数 按照游客的客源地来选择省、自治区、直辖市	01				

单位负责人：　统计负责人：　填表人：　联系电话：　分机号：　报出日期：20　年　月　日

说明：1. 统计范围：全部旅行社。
2. 报送日期及方式：季后3日前网上填报，遇法定节假日顺延一天。
3. “国内旅游总人数”下按《统计上使用的全国省级行政区划代码》填写。详见“附录（二）”
4. 本表保留整数。
5. 审核关系：
国内旅游总人数（01）＝各省（区、市）相加。

图 8–1　旅行社上报统计表样本

① 这两个定义来自统计局内部资料《服务业统计报表制度（统计机构用）》，历年《中国旅游统计年鉴》附录中的指标解释与此相同。

② 其实，存在这样一种可能性：该旅行社在某条线路某个产品中开展零售业务，在另一产品负责接待。

笔者利用北京市旅行社的微观企业数据考察产业分工的情况，数据来源于北京市统计局，为企业上报数据，并不是由抽样调查所得。如果如文献所说，整体上产业属于水平分工的话，企业将开展从组团到接待的全部业务，那么这时，"国内旅游者组团人数"和"接待国内旅游者人数"这两个数值相等的企业将占绝大多数。而实际的统计如表 8-1 所示。

表 8-1 北京市旅行社的垂直分工体系

单位：家

特征	旅游零售商 只组团不接待	旅游批发商 组团人数＝接待人数	旅游批发商 组团人数≠接待人数	地接社 只接待不组团	其他旅行社 无国内旅游业务	总计
2010 年	197	23	288	88	187	783
2011 年	230	23	293	107	158	811
2012 年	263	25	345	130	200	963
2014 年	298	26	359	180	408	1271
2015 年	282	32	301	169	456	1240

注：数据来源为北京市统计局内部数据，2013 年数据暂缺。

由表 8-1 所知，在 2010 年北京市开展国内旅游业务的 596 家旅行社中，仅有 23 家旅行社的"国内旅游者组团人数"和"接待国内旅游者人数"这两个数值相等，占比 3.9%；有 197 家旅行社开展组团业务而不开展接待业务，占比 33%；有 88 家只开展国内旅游的接待业务而没有组团业务，占比 14.8%。也就是说，在国内旅游业务上，仅有 3.9% 的旅行社处于文献中所谓的"水平分工"体系下，换句话说，北京旅行社业早就形成了所谓的垂直分工。

限于数据的可得性，笔者无法从微观层面上给出其他省份企业旅行社形成垂直分工体系的直接证据，但"窥一斑而知全豹"，在东部较发达的地区，旅行社业的分工结构应该和北京较为类似，而在经济欠发达的中西部地区，旅行社发展之初则以接待业务为主——这不就是垂直分工吗？

第二节 中国旅行社业产业升级的经验分析

接下来就可以讨论中国旅行社业的产业升级问题了。从产业链的角度看，地接旅行社为包价旅游产品的供应商，属于旅行社产业链条的上游，旅游批发商为产品的设计商和生产商，属于产业链条的中游；而旅游零售商则为产品的分销商，属于产业链的下游。可以通过旅行社不同旅游业务以及经济指标在空间的变动情况来判断旅行社业产业升级的状况。

一、分析方法

我们借用经济研究中重心位置迁移的方法（唐根年，许紫岳，张杰，2015）来测算旅行社业的产业转移。对于一个有 n 个次级区域（行政区）的大区域而言，各个次级区域的某种属性刻画通常要依靠该属性和地理坐标来表达，则该大区域某属性重心地理坐标为：

$$X_c = \frac{\sum_{i=1}^{n} x_i z_i}{\sum_{i=1}^{n} z_i}$$

$$Y_c = \frac{\sum_{i=1}^{n} y_i z_i}{\sum_{i=1}^{n} z_i}$$

其中，式中，X_C、Y_C 分别表示大区域某属性重心的地理坐标经度与纬度，x_i、y_i 表示第 i 个次级区域中心地理位置坐标，z_i 代表 i 区域的某种属性值。用不同时间点重心移动的距离和方向来刻画区域重心的变化特征。

二、研究对象与数据来源

分析所需各省旅行社入境外联游客人次数、入境接待游客人次数、国内组团游客人次数、国内接待游客人次数以及营业税金及附加均来自于各个年度的《中国旅游统计年鉴》，人均 GDP 数据来源于国家统计局官方网站，各个省份的经纬度位为省会城市政府所在地坐标。时间跨度为 2003—2015 年。

三、结果分析

1.入境旅游业务分析

首先观察旅行社入境旅游业务的重心轨迹变化图，如图 8-2 所示，2008 年以前，无论旅行社业入境外联还是接待规模的重心都是从西南向东北位移的趋势，外联规模的重心从2003年的114.4°E、30.3°N转移到2008年的114.3°E、31.1°N，接待规模的重心从2003年的114.4°E、31.1°N转移到2008年的116.2°E、32.9°N，表明2008年以前，旅行社的入境旅游业务还是集中在东部口岸城市。2008年以后，随着美国次贷危机的爆发，入境旅游市场波动加大、风险加剧；中国"4万亿计划"的实施，使得中西部地区的基础设施和可进入性显著加强，这为旅行社业入境旅游业务的转移提供了良好的基础。2008—2009年，北京市入境外联游客从230.1万人次下降到212.4万人次，接待游客从254.7万人次下降到193.96万人次；而重庆市入境外联游客从28.1万人次增长到44.6万人次，接待游客从52.8万人次增长到64.4万人次；贵州省入境外联游客从1.8万人次增长到4.4万人次，接待游客从2.9万人次增长到3.9万人次。

2008年以后，中国旅行社业入境旅游业务重心开始向西南方向迁移，外联业务的重心在2015年到达115.6°E、31.2°N，接待业务的重心到达115.2°E、31.1°N。实际上，从2004年到2008年，中国旅行社业的入境旅游业务收入年均增速为8.58%，而从2008年到2015年，增速下降到2.85%，2010年甚至成为旅行社入境旅游业务收入最高的一年。这一方面说明西方经济危机对中国入境旅游市场的冲击，另一方面也说明在产业转移和承接过程中会出现减速换挡的情景。

此外，值得说明的是，中国旅行社业入境外联规模重心迁移图和入境接待重心迁移图形状非常接近，表明很可能大部分外联入境游客的旅行社也同时负责接待业务，而且是在本地区进行接待。同时，各个年度入境接待重心的坐标全部都在入境外联坐标的左侧，说明入境接待业务向劳动力较为丰裕的西部地区倾斜，那些地区旅行社业展现出的特征也更趋向于劳动密集型产业。近年来，入境外联规模重心和入境接待重心间的距离不断变大，说明旅行社两项业务间分离的趋势。

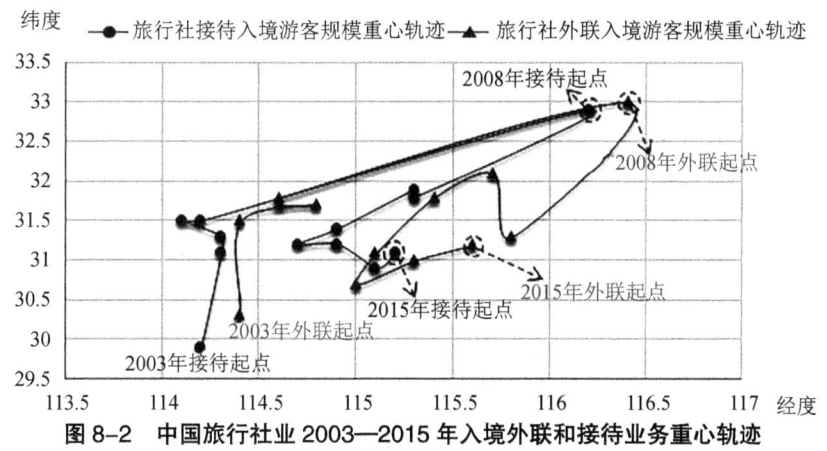

图8-2 中国旅行社业2003—2015年入境外联和接待业务重心轨迹

2. 国内旅游业务分析

和入境旅游业务相比，国内旅游业务在中国是一条完整的产业链。入境旅游业务更多的是依靠境外的旅游零售商和批发商，外联和接待业务且都处于产业链的中上游环节。对于国内旅游业务来说，旅行社的组团业务则意味着零售和批发环节，处于产业链条的中下游，接待业务则处于产业链的上游环节。我们使用国内旅游"组接比"这个指标来表示阐释旅行社业的产业升级过程。"组接比"为"组团人数/接待人数"，具体来说这个指标指区域内组团人数规模除以接待人数规模，用以表示在接待规模不变的情况下组团规模的变动，或者说，产业链下游业务相对于产业链上游业务的变动情况。图8-3显示，2005年，该指标的重心坐标为115.5°E、34.9°N，随后则向西南方向开始迁移，2015年，该重心坐标为113.2°E、34.2°N。我们把人均GDP重心迁移轨迹放在图中作为对比，非常明显，人均GDP重心坐标从东向西迁移，说明区域间要素禀赋结构的不断变化，旅行社业的国内旅游业务呈现出雁阵迁移模式。

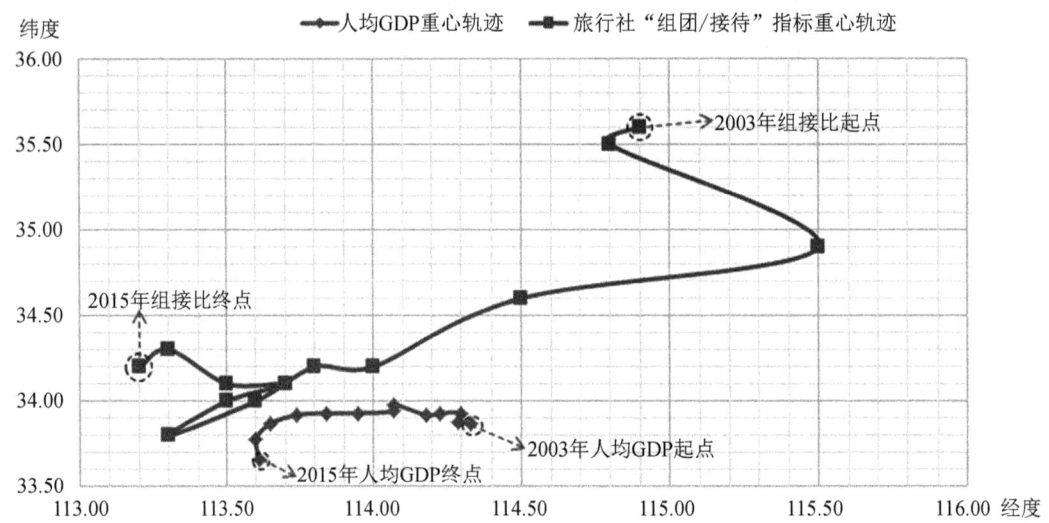

图 8-3　2003—2015 年中国人均 GDP 和旅行社国内旅游业务"组接比"重心轨迹

3. 出境旅游业务分析

随着入境业务和国内业务逐渐向西南迁移，作为"头雁"的东部沿海地区旅行社需要找到体现资本和技术密集特征的、高附加值的旅游产品和业务。出境旅游的组团业务，也就是出境旅游产品的零售和批发业务，成为东部地区旅行社新的收入和利润增长点。如表8-2，仅北京市、上海市和广东省组织的出境游客就占到全部旅行社组织出境游客数量的 40% 左右。

表 8-2 全国及部分省市旅行社组织出境游客人数

单位：万人次

	旅行社组织出境游客				北上广旅行社组织出境游客占比
	总数	其中：北京市	上海市	广东省	
2009 年	1234.68	84.90	85.86	353.72	42.48%
2010 年	1663.88	149.60	109.33	441.69	42.11%
2011 年	2021.92	184.30	132.44	523.64	41.56%
2012 年	2830.57	272.50	172.82	663.20	39.16%
2013 年	3355.71	331.00	229.41	774.19	39.77%
2014 年	3914.98	410.20	234.08	860.54	38.44%
2015 年	4643.50	533.10	382.85	899.53	39.10%
2016 年	5587.87	571.30	565.47	1021.23	38.62%

注：旅行社组织出境游客总数数据来源于《全国旅行社统计调查公报》，北、上、广旅行社组织出境游数据来源于各个省市的旅游委/局官方网站。

以北京市为例，北京作为中国的首都，要素禀赋近年来逐渐呈现资本和技术丰裕特征，2015 年，北京的人均 GDP 超过 10 万元人民币，和 2010 年相比增长了 44%。近几年，北京旅行社出境旅游业务发展迅猛，组织出境游客人数自 2011 年超过入境外联游客人数后，于 2015 年首次超过组织国内游客人数。随着入境旅游市场和国内旅游市场相继到达成熟期，出境组团业务成为新的利润增长点（图 8-4）。

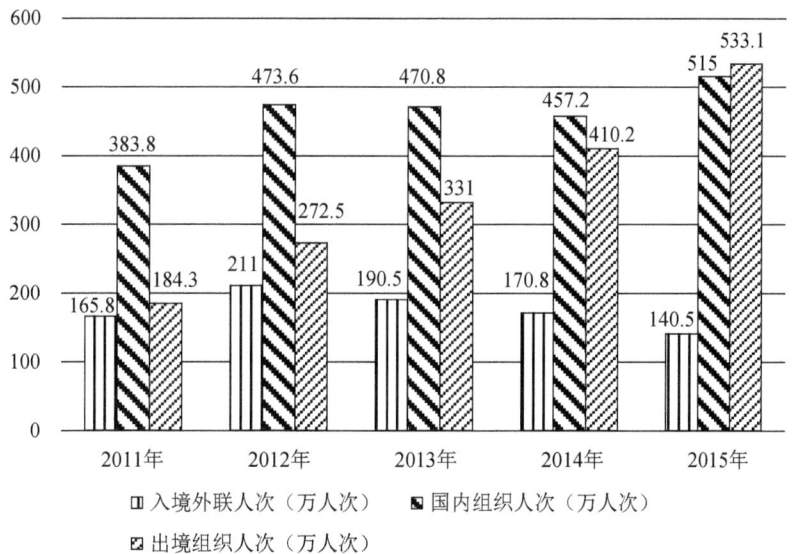

图 8-4　2011—2015 年北京旅行社三大旅游市场组织规模变化图

将北京市旅行社的毛利润[①]进行分解,2015年,北京市旅行社入境旅游业务利润3.3亿元人民币,占北京市旅行社旅游业务利润总量的10%;国内旅游业务利润8.3亿元人民币,占比25%;出境旅游业务利润21.4亿元人民币,占比65%[②]。这充分说明和入境业务、国内业务相比,出境组团业务具有较高的附加值。

4. 旅行社增加值分析

从旅行社增加值重心整体来说是从西向东的位移过程,如图8-5所示,该指标的重心坐标从2004年[③]的115.1°E、31.1°N转移到2015年的116.0°E、31.7°N。但在变化过程中出现了两次转折,第一次转折从2008年开始,旅行社增加值重心坐标开始西移,从115.8°E、32.0°N一路向西。原因在于2008年入境旅游的外联和接待业务都开始西移,国内旅游业务的重心已经转移到中西部地区,在这个过程中,东部地区产业升级方向并不十分明晰,需要摸索新市场和新业务,适应其要素禀赋结构。这也表明,在产业转移和产业升级的过程中,如果原有的产业进行了转移,而新的产业和模式并没有被探索出来,该地区很容易陷入"中等收入陷阱"。

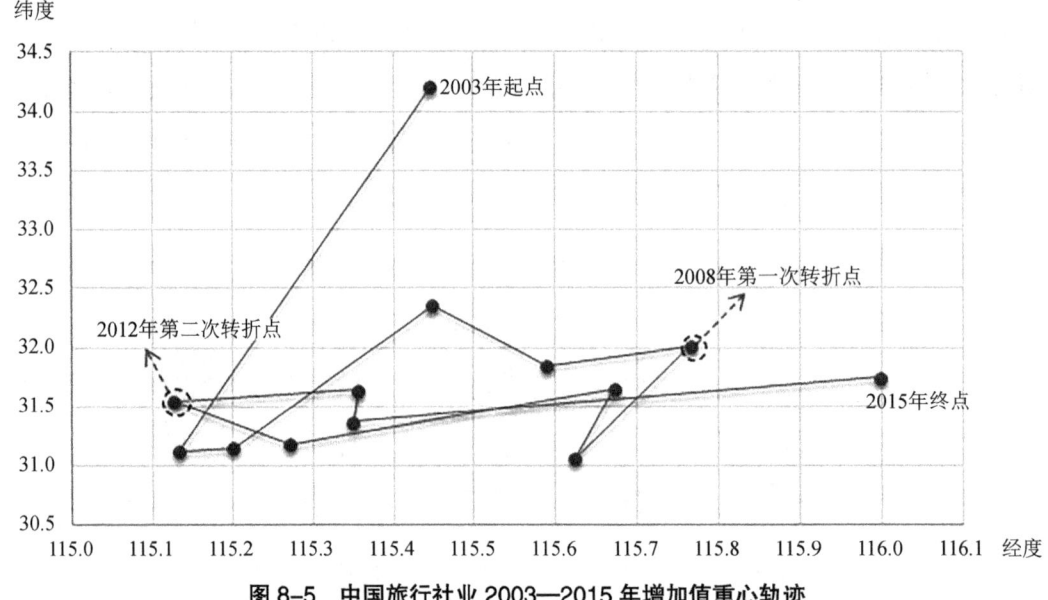

图8-5 中国旅行社业2003—2015年增加值重心轨迹

---

① 旅行社的毛利润由营业收入减去营业成本得到。其中,营业成本"指在特定各项服务过程中发生的各种直接支出。对于组团社而言,包括组团社向旅游者收取但在以后需要拨付给地接社的各项直接支出和组团社支付的旅游者从组团地到接团地的交通费以及发生的全陪人员费用、通信网络费等;对于地接社而言,包括要支付给为旅游者提供食宿、交通、游览等部门的各项直接支出和由于向旅游者提供服务而发生的陪同费、劳务费、宣传费。"这段文字引自国家税务总局编写的《企业所得税管理操作指南(2013年版)》。

② 数据根据北京市统计局提供的微观企业数据计算得出。

③ 由于2003年的"非典"使得该年坐标位置并不具有代表性。

当增加值的重心转移到 2012 年的 115.1°E、31.5°N——这个位置甚至比 2004 年更靠西，第二次转折出现了，随后几年旅行社业增加值的重心逐渐东移。原因是东部的旅行社业找到了新的利润增长点和高附加值的业务——出境旅游批发和零售业务，特别是基于"互联网+"技术。2012—2014 年，中国旅行社业国内旅游业务利润年均增长 2%，入境旅游业务利润年均增长 6%，而出境旅游业务利润年均增速高达 25%。

第三节　中国旅行社业升级的"雁阵模式"

"雁阵模式"的早期版本是解释"二战"后日本通过"进口——进口替代——出口"发展模式实现经济腾飞（Akamatsu，1962），后来被用于解释东亚奇迹，即以日本为头雁，根据动态比较优势的变化，劳动密集型产业依次转移到亚洲四小龙及中国沿海地区，而日本则转而发展资本和技术密集型产业。在这个模式中有两个关键点，一是头雁的劳动密集型产业向"雁翼"和"雁尾"的转移，二是头雁自身的产业升级。

中国旅行社业的产业升级表现为明显的大国"雁阵模式"，即随着要素禀赋结构的转变，东部地区旅行社作为"头雁"，业务类型逐渐转向高附加值的出境旅游批发和零售业务，中部和西部地区逐步"承接"入境旅游业务和国内旅游业务，特别是国内旅游的批发和零售业务逐步向中西部"迁移"。东部地区在寻找符合其要素禀赋结构特征的业务类型、进行产业升级的过程中存在一段时间的调整期，经历了原有业务的停滞和新业务的培育阶段。

应该指出，旅行社业发展的"雁阵模式"和制造业相比存在一定的差异。制造业的产业转移更多地表现为某产业在空间上资源的重新配置，即原地区逐步退出、由新的地区推进该产业的承接。但对于旅行社业来说，由于旅游资源的不可移动性，相应的旅游接待业务并不能完全转移，而是发展进入稳态，旅行社业的产业升级更多地表现为由头雁探索适合其要素禀赋结构的新业务，以及"雁翼"和"雁尾"在"头雁"的原有业务上的迅猛增长。

第四节 小结

第一，本章探讨中国旅行社业的产业分工和产业转移问题。近 20 年以来，学术界始终认为中国旅行社业处于水平分工体系，而且基本上都属于定性判断，也没有在这个问题上进行过深入的探讨和求证。本章利用 2010—2015 年北京市旅行社的微观数据对国内旅游市场业务进行了分析，结果表明，中国旅行社业确实已经形成了所谓的垂直分工体系。

第二，入境旅游业务的产业"转移"表现该业务重心在 2008 年以前的东北向迁移和 2008 年以后的西南向迁移，特别是随着美国金融危机和欧债危机的爆发，入境旅游业务整体陷入停滞，在中国的空间上体现出"雁阵迁徙"，即入境旅游业务从东部地区的"迁出"和西部地区的承接。

第三，国内旅游业务的产业"转移"则表现在旅行社"组接比"这一指标的空间维度的变化，该指标的重心坐标向西南方向移动，说明中西部地区从产业链的中上游向下游移动，同样体现出随着要素禀赋结构的不断改变，旅行社业在国内旅游业务上出现"雁阵模式"的产业转移和产业承接。

第四，随着入境旅游业务和国内旅游业务（特别是组团业务）向中西部的迁移，东部地区必须寻找到适合其资本和技术丰裕型特征的产业和业务类型，以获得更多的附加值，完成产业升级，出境组团业务（出境零售和批发业务）正是这样的业务类型。本章通过对三大市场的分析也说明，基于新结构经济学，要素禀赋导致产业转移的"雁阵模式"可以解释和说明中国旅行社业的产业升级过程。

第九章
互联网对中国旅行社业的影响分析

在西方的分类体系下,旅行社除了包含旅游批发商和旅游零售商,还包含旅游代理商这一业态。旅游代理商是指代理销售交通运输部门(如航空公司、铁路公司)、景区、饭店等旅游生产商旅游产品的企业。旅游代理商所销售的往往是单项旅游产品,比如,机票、火车票、景区门票以及饭店住宿。在中国,这部分职能有的成为旅行社众多业务中的一部分,有的由小型代理公司或由交通运输企业的派出机构承担。

旅游代理商所销售的单项旅游产品,有一个明显的特征,就是该产品具有标准品的性质。这类商品信息不对称程度和边际成本都很低,特别适合与互联网相结合进行销售。随着互联网的普及和兴起,以单项旅游产品代理为主营业务的在线旅行社(*Online Travel Agency*,OTA)迅速崛起,发展迅猛。本章选择了几家和互联网结合比较紧密的旅行社进行案例分析,包含了旅游代理商("携程""艺龙""去哪儿")、旅游零售商("途牛")、旅游批发商("众信旅游"),旨在探讨互联网对旅行社业增长和结构的影响。

第一节 主要案例

一、携程旅行网

携程旅行网(下称"携程")成立于1999年,员工3万余人,在多地设立分支机构,在南通设立服务联络中心。2010年,"携程"投资台湾"易游网"和香港"永安旅游",开始两岸三地的布局。2014年,投资"途风旅行网",将业务延伸至北美洲。

2014年12月,"携程"完成对旅游批发商华远国旅近43%股权的收购,并获得该旅行社的多数投票权。2015年10月,"携程"完成了与百度换股,因此获得"去哪儿"近45%的投票权。2016年,"携程"完成30亿元入股东方航空成为并列第四大机构股东。

"携程"于2003年12月在美国纳斯达克成功上市,当时占据中国在线旅游一半以上的市场份额,是绝对的在线旅游行业领导者。如今,作为中国在线旅游的龙头企业,"携程"是一家集机票预订、酒店预订、度假预订、旅游信息咨询及特约商户服务为一体的综合性在线旅游运营商。

回顾历史,图9-1显示,"携程"经历了十多年的高速增长,营业收入(Net revenues)从2003年的1.7亿元增长到2016年的192亿元,年平均增速高达43.7%。特别是从2012年以后,营业收入增速从2012年的18.89%回升到2016年的75.4%。

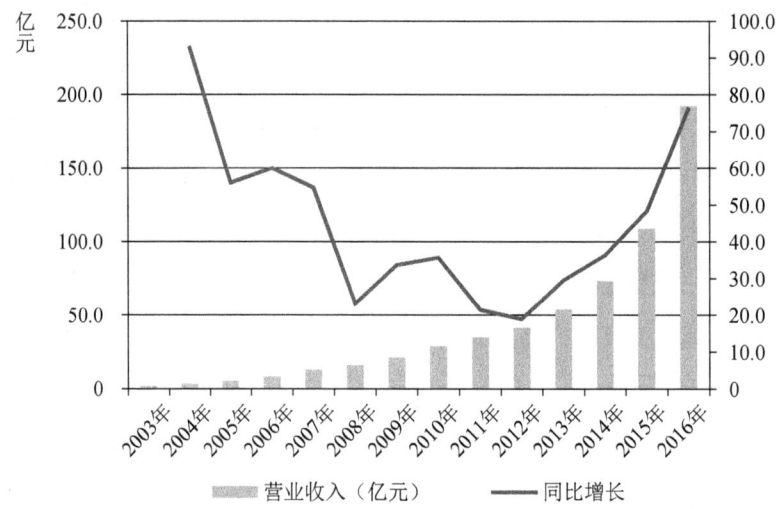

图9-1 2003—2016年"携程"营业收入及其增长情况
数据来源:上市公司年报。

随着收入的增长和规模的扩大,与其他公司类似,"携程"也经历了从规模经济向规模不经济的转换。图9-2显示,"携程"的销售、管理及行政费用占营业收入的比重在十多年间经历了从下降到上升的过程,从2003年的39.5%下降到2009年的25.5%,随后上升为2014年的41.9%。而作为一家互联网公司,通过技术创新重塑价值链,减少交易费用,提高交易效率,是"携程"高速增长的动力源泉,这在客观上要求其不断提高研发的投入。"携程"的开发费用占营业收入的比重从2003年的12%上升到2016年的31.6%。这里大致分为两个阶段,从2003年到2009年是第一阶段,研发费用占营业收入比重的年均增长率仅为3%;从2010年到2016年是第二阶段,研发费用占营业收入比重的年均增长率达到了16.8%。这一方面说明在线旅游市场维持垄断地位愈发困难,较低的研发投入难以支撑"携程"的市场支配地位;另一方面也说明在线旅游企业的技术水平已从引进过渡到自主研发阶段。

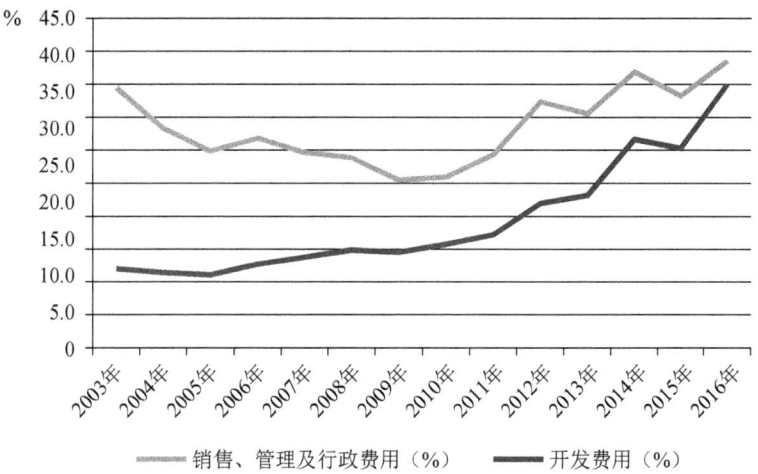

图9-2　2003—2014年"携程"销售、管理及行政费用和开发费用占营业收入比重
数据来源:上市公司年报。

从利润情况看,如图9-3所示,十余年间,"携程"的毛利率稳中有降,2003年,毛利率为85.2%,2016年为75.4%,年均降幅不到1%。而净利润率由2004年的39.9%下降到2016年的-7.44%,下降的趋势比较显著。这里也可以基本划分为两个阶段,从2004年到2010年,"携程"的净利率表现平稳,维持在34%左右,这是第一个阶段;第二阶段从2011年到2016年,净利润率的波动较大。

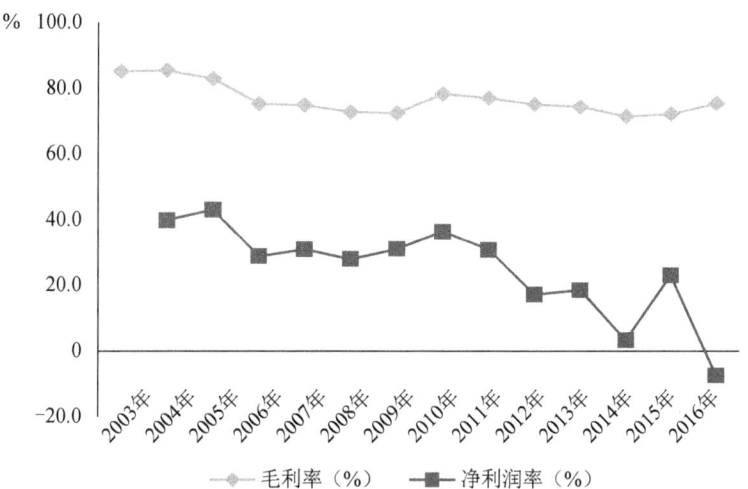

图9-3　2003—2016年"携程"毛利率和净利润率
数据来源:上市公司年报。

从"携程"的收入结构看，2016年，"携程"38%的收入来自于住宿业预订，"携程"已经和国内超过20万家酒店展开合作；46%的收入来自于交通票务预订，从这两大业务中获得的收入占到"携程"总营业收入的80%左右。此外，"携程"从传统包价旅游产品中获得的收入占营业收入的12%。近三年来，"携程"一直维持这种收入结构，佣金收入的比重和包价旅游产品收入比重几乎没有变化。

二、艺龙旅行网

艺龙旅行网（下称"艺龙"）是中国在线旅游代理商，为消费者提供住宿和交通票务的预订服务。2017年年底，艺龙和同程宣布合并。

艺龙和"携程"的业务类型非常相似。2015年，艺龙的营业收入10.32亿元，同比下降5%。2015年，通过艺龙预订的酒店客房夜天数为4320万天，比2014年的3420万天增长26.3%；2015年，"艺龙"净亏损为人民币10.15亿元，相比2014同期的净亏损为人民币2.689亿元。

从营业收入上看，艺龙的经营规模增长趋势较为明显，图9-4显示，自2003年开始到2014年年底，艺龙营业收入年均增长率达到了27.7%，2015年出现了营业收入的首次下降。

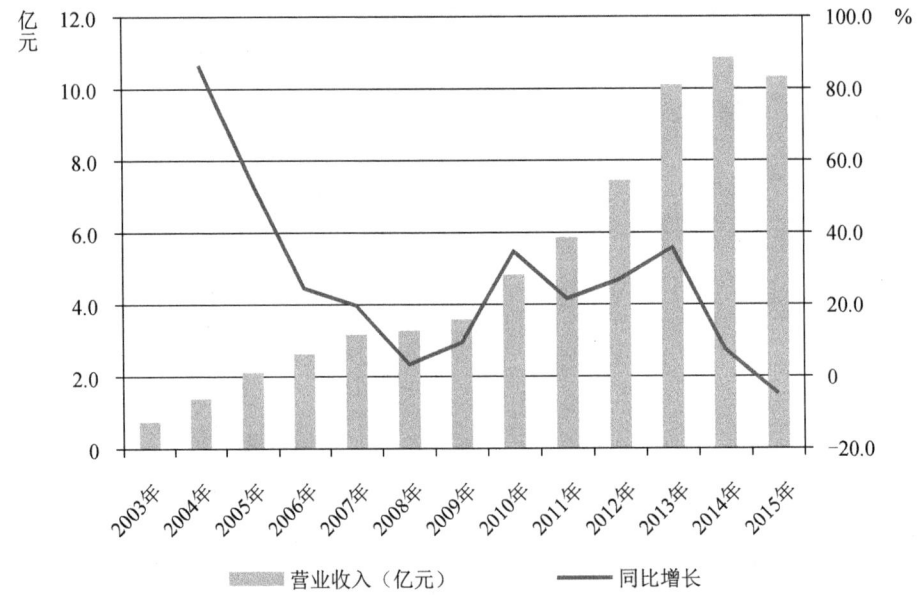

图9-4 2003—2015年"艺龙"的营业收入和增长率
数据来源：上市公司年报。

从规模经济的角度看,"艺龙"经历了两轮由规模经济向规模不经济的转变,图9-5显示,从2004年到2008年是第一个阶段,销售、管理及行政费用占营业收入的比重经历了第一轮的下降到上升的过程;从2008年到2015年是第二个阶段,同样,上述费用占营业收入的比重先下降,在2010年达到最小值,随后开始上升,2015年销售、管理及行政费用占营业收入的比重高达113%。作为一家互联网公司,"艺龙"在研发上的投入中规中矩,开发费用占营业收入的比重很长一段时间稳定在17%左右,2014和2015年比重有所上升,分别为25%和42%。

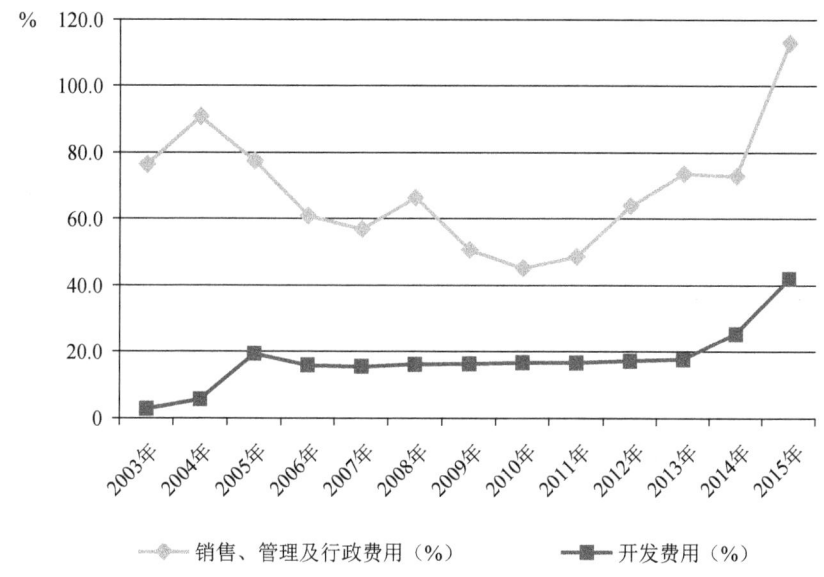

图9-5　2003—2015年"艺龙"销售、管理、行政费用及开发费用占营业收入比重
数据来源:上市公司年报。

近十年来,"艺龙"的毛利率不断下降,这个过程大致分为三个阶段,图9-6显示,从2003年到2007年,"艺龙"的毛利率年均下降6.4%,为第一个阶段;从2008年到2013年,"艺龙"的毛利率基本稳定在70%左右,没有大的波动;2014年和2015年,"艺龙"的毛利率快速下降,退市前毛利率下降到45.2%。从效益看,"艺龙"仅在2009到2012年实现盈利,其余年份均亏损,2015年的净利润率创下了历史最低的-98.39%。这一方面在于"艺龙"的毛利率并没有显著提升,另一方面销售、管理及行政费用却日益增长,使得"艺龙"陷入持续的亏损中。

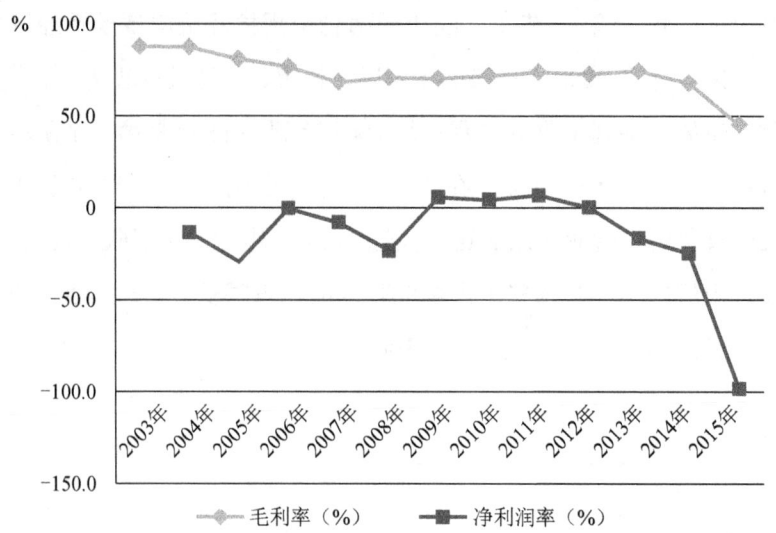

图 9-6　2003—2015 年"艺龙"毛利率和净利润率
数据来源：上市公司年报。

2015 年，"艺龙"营业收入的 89% 来自于饭店预订的佣金，8% 来自于机票预订的佣金。"艺龙"的主营业务是饭店预订和机票预订，其中，近三年来，饭店预订业务收入占营业收入的比重不断上升，从 2012 年的 76% 上升为 2014 年的 89%；机票预订业务则不断萎缩，其业务收入占全部营业收入的比重从 2012 年的 16% 下降到 2015 年的 8%。

三、去哪儿网

去哪儿网（下称"去哪儿"）成立于 2005 年 2 月，2013 年 11 月该公司在美国纳斯达克成功上市[①]，成为中国领先的旅游垂直搜索引擎和全球最大的中文在线旅行网站。

2014 年，"去哪儿"全年总营收为 17.6 亿元，同比增长 106.5%。其中，按效果付费项目（Pay-for-performance services，简称 P4P）收入为 16.7 亿元，同比增长 115.9%。占总收入的 94.9%。广告服务收费占总营收的 5%。2014 年，总营业收入中，无线收入为 7.1 亿元人民币，同比增长 434.9%，占总营收的 40.3%，占 P4P 收入的 42.5%，2013 年该占比分别为 15.6% 和 17.2%。2014 年全年总机票量和酒店间夜总数分别为 8390 万张和 3210 万间夜，分别实现了 64.0% 和 98.1% 的同比增长。

在退市前，"去哪儿"依然处于成长和快速扩张阶段。图 9-7 显示，2010 年到

---

① 于 2017 年 3 月退市。

2014 年，去哪儿营业收入的年均增长率达到了 94%，且没有下滑的迹象。

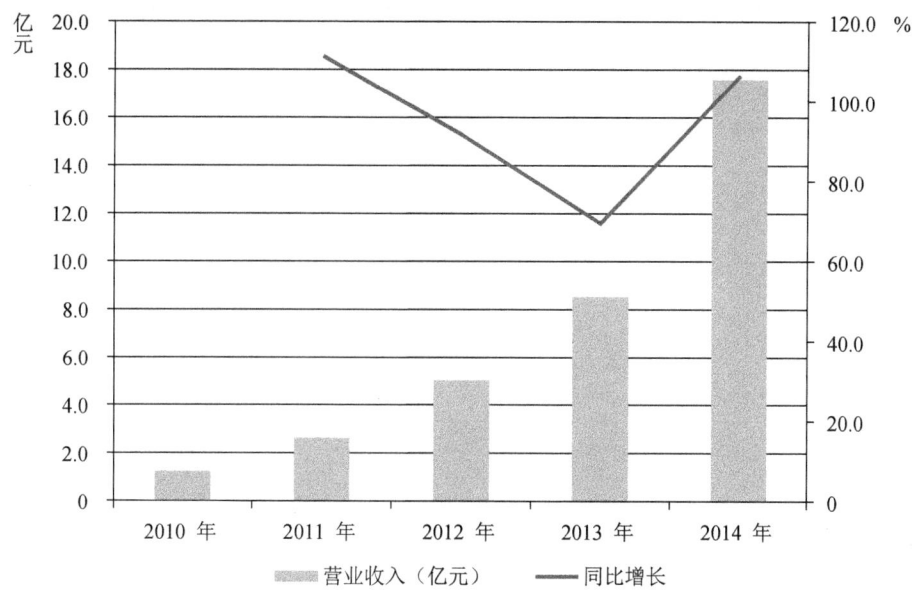

图 9-7　2010—2014 年"去哪儿"营业收入和增长率

数据来源：上市公司年报。

和营业收入的快速增长相比，"去哪儿"成本上升的幅度更大，图 9-8 显示，其销售、管理及行政费用占营业收入的比重从 2010 年的 61.3% 上升到 2014 年的 131%。作为一家互联网和高科技公司，"去哪儿"的研发费用同样增长迅猛，开发费用占营业收入的比重从 2010 年 23.4% 上升到 2014 年的 44.1%。

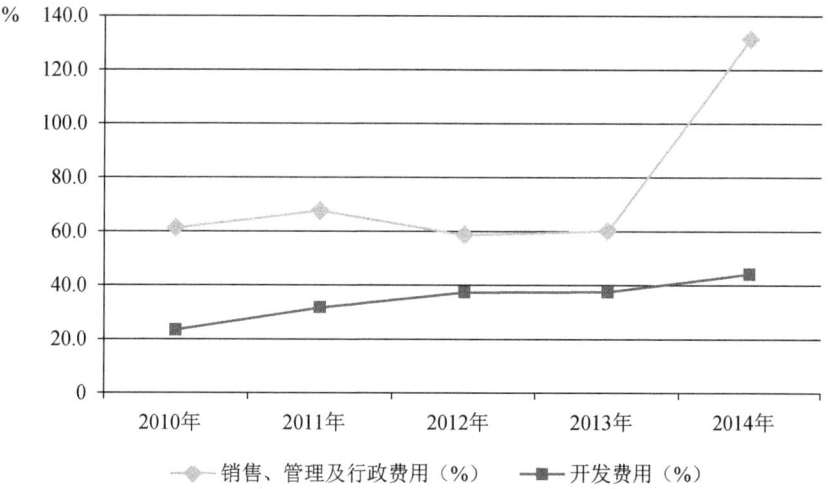

图 9-8　2010—2014 年"去哪儿"销售、管理及行政费用和开发费用占营业收入的比重

数据来源：上市公司年报。

从盈利情况看,"去哪儿"的毛利率五年来略有下降,如图 9-9 所示,从 2010 年的 81.4% 下降到 2014 年的 74.1%。和毛利率的缓慢下降相比,去哪儿的亏损却逐年增加,2014 年全年运营亏损为 18.4 亿元,净利润率已经从 2010 年的 -3.5% 下降为 2014 年的 -105.1%。

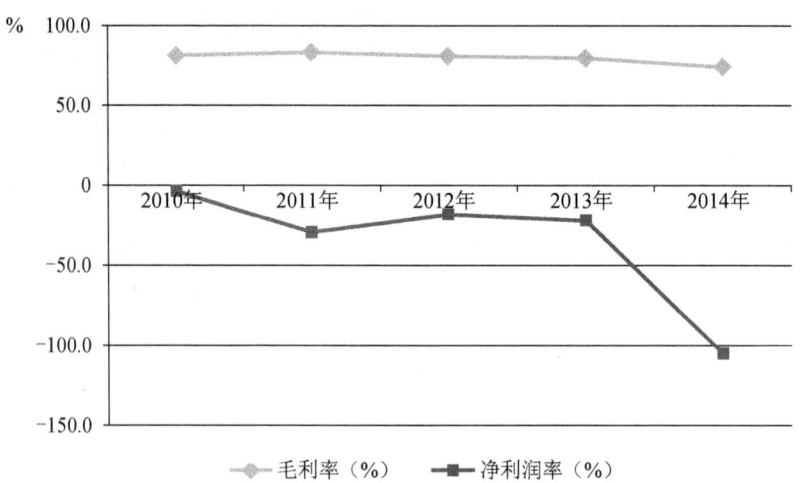

图 9-9　2010—2014 年"去哪儿"毛利率和净利润率

数据来源:上市公司年报。

"去哪儿"的核心业务收入在于 P4P 服务收入,再细分为在线服务收入和移动端服务收入,通过不同的渠道将客户与旅游服务提供商有效地连接并促成交易完成,服务业务的收费按照"点击成本模式"(Cost per click,简称 CPC)或者按照"实际销售量成本模式"(Cost per sale,简称 CPS)的方式计量。P4P 服务占"去哪儿"全部营业收入的比重不断上升,从 2012 年的 89.0% 上升至 2014 年的 94.9%。相比较而言,"去哪儿"的广告服务收入占总营业收入的比重不断下降,从 2012 年的 9.3% 下降为 2014 年的 5.0%。

2014 年,在 P4P 收入中,来自机票及相关搜索业务的收入为 11.7 亿元,占全部营业收入的 67%;来自饭店及相关搜索业务的收入为 3.5 亿元,占全部营业收入的 20%。这两部分的业务成为"去哪儿"最主要的收入来源。

四、途牛旅游网

途牛旅游网(下称"途牛")创立于 2006 年 10 月,并于 2014 年 5 月在美国纳斯达克成功上市。作为最大的在线旅游零售商,"途牛"提供超过 100 万条旅游线路供消费者选择。

正如图9-10所示,从2011年到2016年,"途牛"营业收入年均增长69%,呈现出快速增长态势,但2016年的增速明显放缓。2016年,"途牛"包价旅游产品营业收入(旅游零售业务)为99.3亿元,较2015年增长34.9%。2016年包价旅游产品(不包括周边游)出游人次为277.3万人次,较2015年增长了69.8%,而包价旅游产品周边游出游人次为220.7万人次,较2015年增长29.7%。2016年,"途牛"自助游营业收入为2.53亿元,较2015年增长30%。2014年自助游出游人次为175.9万人次,较2015年增长57.9%。

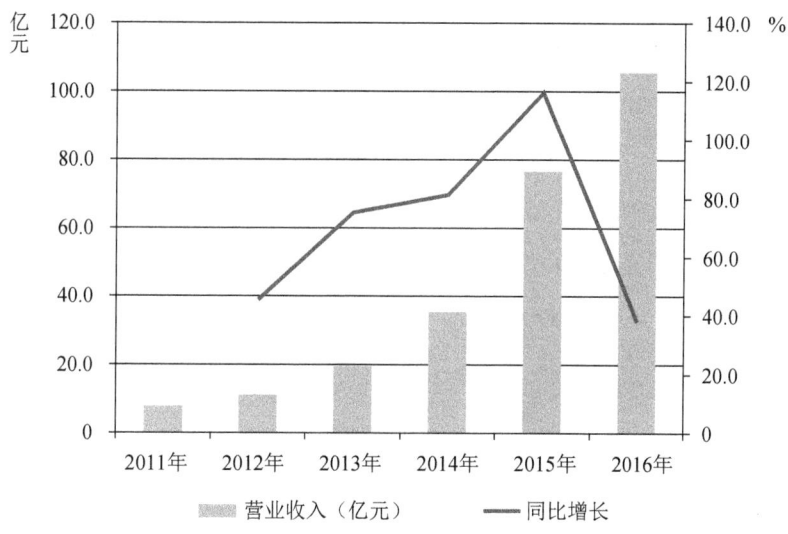

图9-10　2011—2016年"途牛"营业收入和增长率

数据来源:上市公司年报。

2016年,"途牛"营业成本为99.2亿元,较2015年增长36%,高于营业收入的增长率。2016年,如图9-11所示,"途牛"的销售、管理及行政费用占营业收入的比重为24.3%。其中,"途牛"的销售与市场营销费用为19.1亿元,占营业收入的18.1%,同比增长65%,这一增长主要是由于加强了品牌营销及广告投入以及移动业务的扩张等。"途牛"的管理费用(含行政费用)为6.59亿元,较2015年增长71%。这一增长主要是由于业务扩张带来的管理人员的增加以及服务费、租金等。

2016年,"途牛"研究与产品开发费用为6.01亿元,是2014年的6倍。这一增长主要是由于新产品开发及移动相关的投入,以及产品开发相关的技术和人力成本的上升。

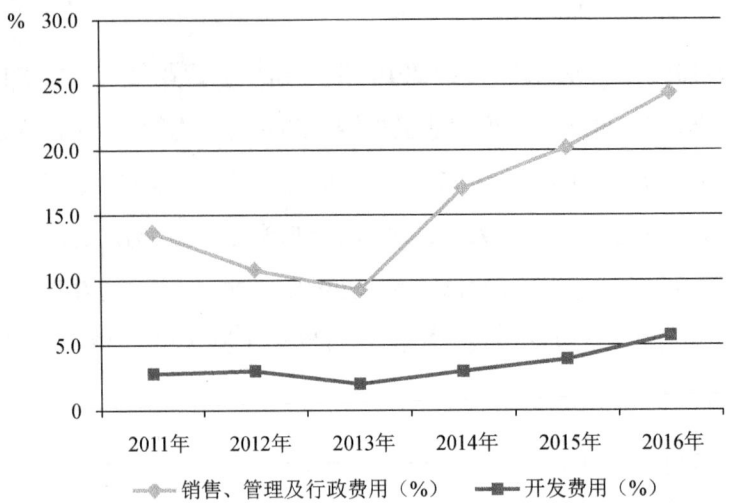

图 9-11　2011—2016 年"途牛"销售、管理及行政费用和开发费用占营业收入的比重
数据来源：上市公司年报。

图 9-12 所示，2016 年"途牛"毛利率为 5.9%，近四年来稳定在 6% 左右。2014—2016 年，"途牛"的净亏损逐年递增，分别为 4.48 亿元、14.6 亿元、24.4 亿元，自上市以来，"途牛"还没有实现盈利。

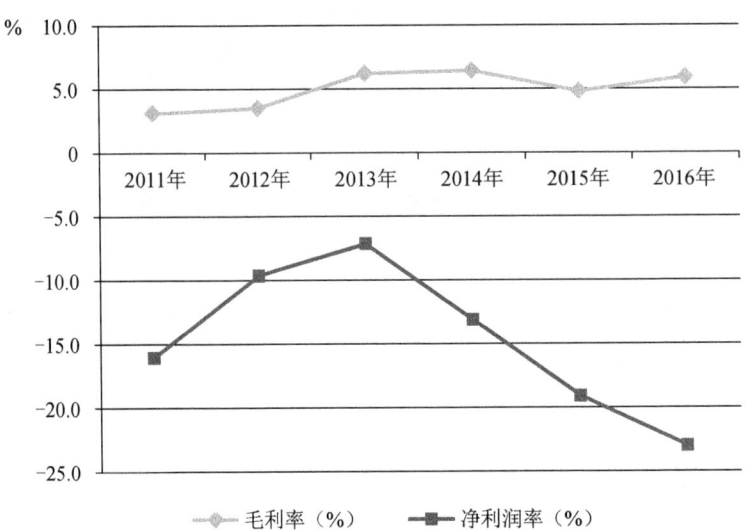

图 9-12　2011—2016 年"途牛"毛利率和净利润率
数据来源：上市公司年报。

"途牛"的营业收入主要来自于包价旅游产品的旅游零售业务，2016 年包价旅游产品收入占全部收入的 94.1%。

五、众信旅游

北京众信国际旅行社股份有限公司("众信旅游")主要经营出境游批发、零售、商务会展业务。2014年1月23日,"众信旅游"成功在深交所中小板挂牌上市,成为A股市场上首家民营旅行社上市公司。"众信旅游"作为出境游运营商,目的地覆盖欧洲、大洋洲、非洲、中东、美洲、亚洲等全球主要的旅游目的地国家和地区,产品类型涵盖团队旅游、自由行、定制旅游、目的地服务等。2014年,"众信旅游"对"悠哉旅游网"进行战略投资,实现传统批发和线上零售,线下门店和线上资源的O2O资源整合。

表9-1显示,2016年,"众信旅游"实现营业收入100.9亿元,较上年增长20.58%,其中出境游批发收入74.4亿元,较上年增长27.32%,出境游零售收入18亿元,较上年增长9.27%。2016年,"众信旅游"出境游批发业务、出境游零售业务的毛利率分别为8.27%、15%,高于旅行社整体的平均毛利率水平。

表9-1　2016年"众信旅游"分项旅游业务的收入、成本及毛利率

	营业收入（亿元）		营业成本（亿元）		
	金额	同比增长	金额	同比增长	毛利率
出境游批发	74.4	27.32%	68.3	25.86%	8.27%
出境游零售	18	9.27%	15.2	9.07%	15%

数据来源:上市公司年报。

表9-2显示了"众信旅游"营业收入、净利润和净利润率近四年的变化情况。2013—2016年,"众信旅游"营业收入年均增长50%,净利润年均增长35.2%,净利润率则从2013年的2.89%下降到2016年的2.13%。

表9-2　"众信旅游"的营业收入、净利润和净利率

	2016年	2015年	2014年	2013年
营业收入（亿元）	100.9	83.7	42.2	30.1
净利润（亿元）	2.15	1.867	1.09	0.87
净利润率	2.13%	2.23%	2.58%	2.89%

数据来源:上市公司年报。

第二节 "互联网+旅行社"的主要商业模式

一、"互联网+"传统旅游代理商融合为在线旅游代理商

在线旅游代理商的主营业务为单项旅游产品的代理销售。如"携程"近80%的收入来自于饭店预订和交通票务预订;"艺龙"80%以上的收入都来自于饭店预订佣金。"去哪儿"提供的垂直搜索引擎在实际上也是在线旅游代理服务,按效果付费(P4P)只是一种计费方式,和佣金并无本质区别,在"去哪儿"的收入中,近90%来自于机票和饭店的搜索业务。

二、"互联网+"传统旅游零售商融合为在线旅游零售商

在线旅游零售商实际上就是几年前的"旅游超市"概念,受制于分销渠道,"旅游超市"无疾而终。互联网从根本上改变了这一局面,使得在线旅游零售商成为真正意义上的"旅游超市",在线旅游零售商并不生产旅游产品,而是通过巨大的流量入口和便捷的支付体系,出售旅行社的旅游线路和旅游产品。具体来说,入驻"途牛"的每家旅行社根据从事旅游业务的不同需要交纳一定金额的保证金[①]用于交易纠纷的赔付,入驻"途牛"后,将按商家实际产生交易金额收取相应比例的佣金[②]。

三、"互联网+"传统旅游批发商融合为旅游O2O(批零一体化)

从线上到线下模式(Online to Offline,O2O)便是旅游批发商与互联网相结合的产物。通过线上销售,线下体验,实现线上线下的无缝衔接,专注于产品品质,提高效率。例如"众信旅游",出境游产品的批发和零售业务占其收入的80%以上,其零售业务的比重也在逐渐上升。

表9-3对比了"互联网+"旅行社的几种商业模式,相比较而言,"互联网+"旅游代理商是商业模式中最为成熟和成功的模式,原因在于旅游代理商所代理的单项旅

---

① 入驻"途牛"的商家,保证金规则:国内旅游产品需缴纳1万元,出境旅游产品需缴纳3万元,保证金最高额度要求为3万元。

② 详见http://www.tuniu.com/help/zs_check.shtml。

游产品绝大部分属于标准化商品，比如机票和酒店客房，这类产品，边界清晰，特征明确，在互联网技术出现之前，这类产品的销售主要受制于渠道，信息费用较高，互联网技术的快速发展使得这类产品的交易费用大幅下降，经营这类业务的在线旅游代理商增长非常迅猛。旅游批发商通过互联网拓展销售渠道也比较成功，比如"众信旅游"作为一家旅游批发商，在业内较为知名，但由于其传统业务并不直接面向游客，使得该品牌在消费者眼中的知名度不高，但随着互联网技术的应用，"众信旅游"从幕后走向台前，品牌价值不断提升。但同时也要清醒地认识到，互联网仅仅是对其销售渠道的完善和补充，并没有对其产品和商业模式产生颠覆性的影响。而互联网和旅游零售商融合为在线旅游零售商的模式依然需要探索，作为首家"吃螃蟹"的"途牛"，上市至今还没有实现过盈利，2016年，其净亏损达到了历史新高的24.4亿元，当年仅销售费用一项就为19.9亿元，正如我们前面章节的分析，旅行社的包价旅游产品服务，依然主要以劳动密集型为主要特征，附加值不高，产品的规模经济不强。这才是在线旅游零售商所面临的主要困境。

表9-3 "互联网+旅行社"的主要商业模式

	传统业态	新型业态	盈利模式	典型公司
"互联网+"	旅游代理商	在线旅游代理商	佣金	"携程""艺龙"
		旅游垂直搜索引擎	CPC；CPS	"去哪儿"
	旅游零售商	在线旅游零售商	"保证金+网络服务费+佣金"	"途牛"
	旅游批发商	旅游O2O	旅游服务费	"众信旅游"

第三节 "互联网+"背景下的旅行社业的增长与结构

一、互联网影响下旅行社业的增长

总的来说，"互联网+"使旅行社业的增长越发具有技术进步的性质，实现从"斯密增长"向"熊彼特增长"转换，表现在案例中在线旅行社的超高速增长。2003—2016年间，"携程"营业收入年均增速为43.7%；2003—2014年，"艺龙"营业收入年均增速为27.7%；2010—2014年，"去哪儿"营业收入年均增长94%。在较长的时间跨度下，在线旅游代理商取得如此迅猛的增长，是传统旅行社无法想象的。而且，这三家OTA研发费用占营业收入的比重不断上升，近年来都超过了30%，"艺龙"和"去哪儿"都超过了40%，说明这种增长更多的是技术进步带来的，是一种"熊彼特增长"。在线旅游零售商和批发商同样发展迅猛。从2011年到2016年，"途牛"营业收入年均增长69%。从2013年到2016年，"众信旅游"营业收入年均增长50%。

从另一方面说，在互联网的作用下，旅行社业的增长受自身生产能力的制约。比较而言，互联网对产业链下游的旅游代理商增长的促进作用最大，而对中上游旅游批发商的影响作用最小。因为尽管旅游批发商借助互联网，实现O2O，可以最大限度地绕开旅游零售商，直接和旅游者进行交易，但最终依然受自身接待能力的限制。例如，"众信旅游"营业收入增长最快的一年是2014年，增长了100%，这很大程度上要归功于收购了和它同样体量的"竹园国旅"。近两年来，"众信旅游"营业收入的增速回归到20%左右。

相比之下，在线旅游代理商的增长则取决于其可以将多少家酒店、多少条铁路航线纳入自身服务的范围，其上限则是全社会的"住"和"行"的生产能力，远远高于一家旅游批发商的生产能力。所以，在线旅游代理商可以实现持续的超高速增长，"携程"可以在长达十多年的时间里营业收入年均增速超过40%，"去哪儿"近四年里的营业收入可以每年翻一番。

二、互联网影响下旅行社业的组织结构

旅行社在互联网的背景下迅速成长，有利于形成规模经济，提高产业集中度。同样，在技术和资本最为密集的在线旅游代理市场，产业集中最快。因为，旅游代理商通过互联网平台销售具有标准化的单项旅游产品，更具有典型的规模经济和网络经济特征，即随着用户数量的增加，平台的平均成本随之下降，而消费者的效用随之上升。这种自然垄断特征导致在线旅游代理市场的集中度不断提升。通过对比主要在线旅游代理商的商业模式和财务数据，可以发现，尽管在主营业务收入都有较高的增长率，但在利润率方面，却相差很大，"携程""艺龙""去哪儿"这三家企业在2014年的利润率分别为3.3%、-24.8%、-105.1%。各个企业的毛利率这几年均不断下降，也能看出为争夺市场份额竞争之惨烈。价格战最终往往以并购收尾。2015年5月，"携程"出资约4亿美元，持有"艺龙"37.6%的股权。2015年10月，"携程"公布与百度换股完成，"携程""去哪儿"达成合并。交易完成后，百度将拥有"携程"普通股可代表

约25%的"携程"总投票权,"携程"将拥有约45%的"去哪儿"总投票权。而"去哪儿"在被"携程"并购之后,在2016年第三季度就实现了盈利,这比预期盈利的时间点提前了一个季度。如今,在线旅游代理市场集中度进一步提高,"携程"成为这个市场无可争议的垄断者。

三、互联网影响下旅行社业的产业分工和产业升级

互联网技术一方面促进了旅行社业水平分工向垂直分工的转换。单项旅游产品的代理业务具有标准品的性质,很早就从旅行社的全部业务中分离了出来。街边巷尾的火车票代售点和机票代售点可以充分说明这一点。而互联网技术使得这种分离更加彻底,如今,从旅行社购买机票的价格要远高于从"携程"或者"去哪儿"上订票。另一方面,互联网技术又通过减少交易费用,促成了垂直分工向纵向一体化的转换。例如,旅游批发商"众信旅游"和"悠哉旅游网"的合作,向产业链的下游移动,所形成的旅游O2O,就是一种纵向一体化的行为。

信息和通信技术(*Information and Communication Technology*,ICT)对企业增长的贡献毋庸置疑,对企业业务流程再造功不可没。互联网使得案例中的旅行社企业不断从劳动密集向资本和技术密集转换,使得其增长越来越依靠全要素生产率的增长拉动。旅行社新型业态的不断涌现,业务也逐渐向"微笑曲线"的两端倾斜。这些都充分说明了互联网对中国旅行社产业升级的促进作用不断加深。

第十章 结 论

第一节 主要结论

第一，改革开放以来，中国旅行社业整体取得了较快发展。从制度变迁看，放松管制成为旅行社业30年发展的主基调，采取了渐进式改革的思路。从产品的生命周期看，中国旅行社业基本遵循入境旅游、国内旅游和出境旅游的发展次序。从规模变化看，旅行社数量增长主要集中在第三阶段（1997—2009年），而资产增长则发力于第四阶段（2010年至今）。

第二，中国旅行社业的整体增长主要是由要素驱动的，全要素生产率无论是增长率还是贡献率都非常低。从空间分异看，要素禀赋是决定旅行社业驱动力的最主要因素，在资本丰裕型的东部地区，资本是旅行社业增长的主要驱动力，而在劳动力比较丰裕的中部和西部地区，劳动力是旅行社业增长的主要驱动力。这验证了基于新结构经济学理论提出的假说。

第三，随着经营和准入限制的不断放开，民营资本不断进入旅行社业。根据测算，民营旅行社数量占全部旅行社的比重在80%以上，而国有独资及控股的旅行社大约只占到10%，但国有旅行社在营业收入和增加值这两项指标和民营旅行社基本相等，甚至在固定资产净值上超过民营旅行社，说明国有及控股旅行社单体规模较大，依然是中国旅行社业不可忽视和不可或缺的重要力量。

对不同产权结构旅行社的劳动生产率所进行的测算表明，国有及国有控股旅行社的劳动生产率高于民营旅行社。其原因在于，第一，国有旅行社更多开展营业收入和附加值更高的出境组团业务；第二，旅行社业整体创新能力不足，最主要的创新还是基于互联网的销售渠道创新。这导致民营旅行社对国有旅行社优势不明显。第三，国有旅行社又有地方政府或国家政府的背书，对旅游服务质量的要求高于民营企业；第四，在"零负团费"的商业模式下许多民营旅行社的账面收入较低，这些因素综合起来导致国有及控股旅行社的名义效率更高。从劳动生产率这一指标来看，外资旅行社效率最高，这一结果源于中国旅行社业对外资进入进行了较为严格甚至苛刻的限制，保证只有效率较高、经营良好的境外旅行社才可以进入中国市场。

第四，中国旅行社业整体集中度不高，产业组织结构较为松散，在一段时间内表现为"小散弱差"特征，原因在于改革开放后很长一段时间内中国以劳动丰裕型为特征的禀赋结构决定了旅行社的劳动密集型产业特征。而劳动密集型产业体现出较为松散的产业组织结构，不同规模的旅行社平均成本相差不大，规模经济难以实现。随着中国经济的增长、资本的积累和技术的进步，如今的中国旅行社业产业规模不断扩大、企业实力逐渐增强，（在某些区域内的）规模经济开始显现，产业集中度不断提高。

第五，从中国旅行社业的空间分布看，北京、上海、江苏、浙江、广东等东部沿海省市旅行社各项指标均排名靠前。通过区位熵的方法测算产业集聚程度，可以判断中国旅行社业确实存在一定程度的产业集聚。经验研究显示，随着地区旅行社业增长资本的贡献率提升，存在一定的规模经济和报酬递增，产业集聚效应才会不断显现出来，而产业集聚的加强通过减少交易费用、增强正外部性的方式提高劳动生产率。

第六，从产业分工角度，通过实证研究，可以判断中国旅行社业已经形成了"垂直分工体系"，而并非像学术界所认为的中国旅行社业一直处于水平分工阶段。

中国旅行社业的产业升级表现为明显的大国"雁阵模式"，即随着要素禀赋结构的转变，东部地区旅行社作为"头雁"，业务类型逐渐转向高附加值的出境旅游批发和零售业务，中部和西部地区逐步"承接"入境旅游业务和国内旅游业务，特别是国内旅游的批发和零售业务逐步向中西部"迁移"。东部地区在寻找符合其要素禀赋结构特征的业务类型、进行产业升级的过程中存在一段时间的调整期，经历了原有业务的停滞和新业务的培育阶段。

第七，通过案例分析，可以发现，借助互联网，传统旅游代理商、旅游零售商和旅游批发商分别可以发展成为在线旅游代理商、在线旅游零售商和旅游O2O。互联网技术带来了旅行社业的技术进步，促进了产业集中度的提高，完善了产业分工，推动了产业升级。比较而言，互联网对产业链下游的旅游代理商增长的促进作用最大，而对中上游旅游批发商的影响作用最小。

第二节　政策建议

一、政府层面

1. 鼓励和支持旅行社对主要海外旅游目的地核心旅游资源的并购

根据国家旅游局的统计，2016年中国公民出境旅游消费超一千亿美元。在旅行社的业务中，出境旅游业务保持高速增长态势。在这样的背景下，鼓励中国旅行社对旅游目的地核心旅游资源的收购，因为，随着要素禀赋结构向资本和技术丰裕转变，旅行社企业必须不断体现出资本和技术密集的特征才能具备自生能力，旅行社业的发展才能具有比较优势。一方面，通过对目的地核心旅游资源的收购和控制，使国内游客的旅游消费回流，减少外汇损失；另一方面，通过纵向一体化，使设计的旅游线路不会被竞争对手轻易模仿，形成规模经济，减少旅游产品研发投入的"租值消散"。具体而言，应完善支持并购的财税政策，加大金融支持力度，大力支持旅行社技术的创新和产品结构的调整，引导旅行社业在更高层次和水平上开展竞争和规模经营。同时，对企业的海外并购加强监管，避免出现资产留在国外，而负债留在国内的情形出现。

2. 鼓励经营出境游的旅行社发展入境旅游业务，特别是在游客客源地的旅游批发和零售业务，实现出境入境的双向互动，提高中国旅行社在国际市场中的地位和话语权

近年来，很多优秀的旅行社如"携程""凯撒""众信"都在积极布局目的地市场，收购了很多目的地的旅行社。对于这些企业来说，客源和渠道已经不是问题，产品和质量控制可以通过控股、参股以及和经营入境游旅行社开展合作来完成，不涉足入境游业务很可能和企业的战略相关。实际上，从入境旅游的外联和接待业务向客源地的批发和零售业务转化，是符合要素禀赋结构转变特征的，也是符合产业升级方向的。因此，积极鼓励这些旅行社开拓入境游市场，无论是提升这些企业的国际竞争力，还是提升中国旅行社在全球旅游市场中的地位和规模，都十分有益。

3. 逐步放开外资社的出境旅游业务

在调研中发现，外资社的经营相对规范，在管理上也有颇多值得借鉴和学习之处，但在出境游业务上,一直采用试点经营的办法,这使得这些旅行社不敢放开手脚,全力投入。实际上,放开出境游业务,一方面会增加其在销售端的投入,相应增加就业,增加税收,吸引更多的人才进入外资社,这些人才可以学习较为先进的管理经验。更为重要的是,可以刺激本土企业与之展开全方位的竞争,进一步提升本土企业的竞争力。

此外,要完善经营要素门槛条件。着力改善旅游消费软环境,完善旅行社退出机制。积极推动在线旅游平台企业发展壮大,整合上下游及平行企业的资源、要素和技术,形成旅游业新生态圈,推动"互联网+"旅行社跨产业融合。支持有条件的旅游企业进行互联网金融探索,推动传统旅游企业与互联网公司、金融企业合作,落实法定优惠政策。

二、企业层面

随着中国经济持续增长带来要素禀赋的不断变化,旅行社应抓住机遇,积极应对挑战,其经营策略可以归纳为:"大型旅行社一体化,中型旅行社专业化,小型旅行社创新化"。

1. 大型旅行社一体化

对大型社而言,一方面需要巩固核心业务,争取扩大市场份额,另一方面要寻找新的利润增长点。因此,大型社的经营策略是,依托核心业务,通过并购、投资、新设等一体化运作,掌控上游资源,完善销售渠道,提高议价能力降低成本,丰富产品体系,补齐短板。

对于旅游批发商来说,掌握上游资源显得更为重要,因为只有通过这样的排他性手段,耗费巨大成本设计的旅游产品才不会被竞争对手轻易抄袭。在积极拓展核心业务的同时,应尽可能地丰富自己的产品体系。中国旅游集团、中青旅、凯撒、众信等巨头,都在尽力拓展商务、会展、体育、游轮旅游等项目。中青旅旗下的"中青博联整合营销顾问股份有限公司"在新三板上市,2016年上半年,营业收入达10.7亿元,同比增长47%。"众信旅游"旗下的"众信博睿整合营销咨询股份有限公司"于2016年在新三板上市。此外,各大旅行社也在布局旅游金融市场,"凯撒旅游"在2016年1月耗资5.5亿元领投了"易生金服","途牛"则将其业务拆分为旅游度假子公司和金融科技子公司两大板块,凸显对旅游金融的重视。全球化发展,品牌化运营。

2. 中型旅行社专业化

对于中型旅行社而言，不能如大型旅行社一般构建"大而全"的产品体系，而是应该在某个单项业务（如产品、线路、服务、渠道）端发力，形成专业化生产，打造核心业务，提高服务质量，同时剥离业务萎缩或亏损部门。对于中型社来说，在业务方面有一定的积累，在行业内也积攒了一定的资源和口碑。这些旅行社应该以此为基础，努力使产品标准化，规范化，并努力降低成本。

3. 小型旅行社创新化

对于小型旅行社而言，在"互联网+"和"大众创业，万众创新"的浪潮下，应积极转型，制定和执行蓝海战略，发现市场痛点，打造创新型产品，实现差异化竞争，同时应积极寻求资本支持，实现快速发展。

对于小型旅行社特别是创业型的旅行社来说，主营业务持续增长比是否盈利更为重要，主营业务持续增长意味着产品适销对路，被消费者所认可，在这一阶段，需要投入大量的研发费用、销售费用，等等，因此阶段性的亏损不可避免。一旦业务开始持续增长或存在稳定增长的预期，小型旅行社便可以借助于资本市场的力量迅速发展壮大。

总之，对于大型旅行社和旅游集团，经营策略是通过掌控核心资源，提升产品品质，构建护城河来扩大市场份额，通过规模经济降低成本，提高盈利。对于中型企业，要积极关注自身的产品和服务是否还能满足市场需要，通过低价游招揽客源，再通过购物店的返佣来维持经营的日子将一去不复返，这样的产品也逐步会被市场所淘汰。对于小微型的创业企业，则需要更多地利用互联网技术，填补市场空白，创造需求，实现增长。此外，旅行社还应在产品服务和营销创新上取得突破，并在旅游服务过程中积极倡导文明旅游，践行企业社会责任。

第三节 不足及展望

第一，对旅行社业增长和结构变化的作用机制还需要深入挖掘。笔者认为要素禀赋结构是影响旅行社业增长和结构变化的重要原因，但对内在的作用机理仍缺乏更为深入的讨论。此外，在本书的模型中，没有加入控制变量作进一步的分析，希望在今后的研究中加以扩展。

第二，在经验研究的数据问题上，笔者在旅行社业的产权结构和产业组织结构的研究部分，使用了 2010 年企业的微观数据，数据的时效性略差。同时也希望旅游部门能开放更多的旅行社的微观数据。

第三，在测算旅行社的全要素生产率模型中，进一步可以尝试使用空间计量模型的分析，因为空间计量考虑到了区域的关联性，其假设更加符合现实。

第四，旅行社的鲍莫尔"成本病"分析是接下来一个重要的研究方向，旅行社业作为现代服务业，如何避免发展过程中服务业劳动力成本上升导致的"成本病"效应，是中国避免落入中等收入陷阱，保持持续高速增长的关键。

附 录

中国大陆地区旅行社业产业集聚度（区位熵）的省域分布（1997—2015年）

	2015年	2014年	2013年	2012年	2011年	2010年	2009年	2008年	2007年
北京	5.925	5.336	5.214	4.632	3.801	3.169	5.204	5.657	5.273
天津	0.461	0.397	0.748	0.919	0.920	0.479	0.386	0.681	0.565
河北	0.215	0.304	0.277	0.229	0.237	0.305	0.158	0.166	0.161
山西	0.384	0.431	0.458	0.392	0.323	0.422	0.210	0.249	0.278
内蒙古	0.300	0.351	0.382	0.424	0.410	0.278	0.302	0.409	0.381
辽宁	0.765	0.476	0.451	0.412	0.409	0.507	0.565	0.597	0.491
吉林	0.365	0.184	0.191	0.185	0.219	0.530	0.277	0.273	0.314
黑龙江	0.374	0.589	0.633	0.617	0.565	0.698	0.561	0.954	0.851
上海	4.315	3.320	3.349	3.092	2.738	2.623	2.393	2.889	2.807
江苏	0.542	0.714	0.722	0.728	0.799	0.971	0.979	0.821	0.926
浙江	1.187	1.280	1.261	1.299	1.310	1.467	1.279	1.189	1.042
安徽	0.484	0.590	0.585	0.718	0.994	1.068	0.702	0.766	0.836
福建	1.304	1.170	1.114	1.070	1.059	1.086	0.835	0.865	0.761
江西	0.409	0.495	0.570	0.651	0.834	0.359	0.409	0.976	0.623
山东	0.529	0.530	0.535	0.543	0.595	0.735	0.468	0.478	0.514
河南	0.123	0.187	0.216	0.275	0.366	0.612	0.211	0.219	0.234
湖北	0.966	0.844	0.969	1.013	0.878	1.292	0.483	0.452	0.472
湖南	0.645	0.755	0.877	1.049	1.198	0.803	0.532	0.372	0.316
广东	1.702	1.805	1.659	1.583	1.809	1.446	2.218	1.566	1.638
广西	0.411	0.716	0.489	0.523	0.491	0.353	0.456	0.612	0.747
海南	1.656	1.859	1.816	1.898	1.788	1.253	1.911	1.753	1.374
重庆	0.999	0.933	0.975	1.097	1.020	1.538	0.830	0.901	1.084
四川	0.360	0.606	0.867	0.928	0.609	0.348	0.329	0.768	0.412
贵州	0.419	0.363	0.391	0.443	0.301	0.272	0.204	0.228	0.230
云南	0.883	1.669	1.330	1.541	1.371	1.326	2.076	1.705	1.896
西藏	1.167	0.669	1.206	1.657	2.089	0.928	1.129	0.247	3.979
陕西	0.422	0.410	0.352	0.427	0.474	0.330	0.238	0.448	0.478
甘肃	0.151	0.400	0.455	0.545	0.583	2.470	0.299	0.327	0.435
青海	0.430	0.585	0.600	0.775	0.780	0.317	0.322	0.329	0.527
宁夏	0.344	0.379	0.307	0.421	0.469	0.346	0.604	0.314	0.329
新疆	0.419	0.452	0.493	0.616	0.634	0.349	0.285	0.537	0.679

续表

	2006年	2005年	2004年	2003年	2002年	2001年	2000年	1999年	1998年	1997年
北京	7.996	4.708	4.439	13.051	6.530	6.462	5.954	4.174	4.289	4.645
天津	0.498	0.679	0.497	0.292	0.381	0.405	0.350	0.514	0.446	0.591
河北	0.176	0.092	0.250	0.065	0.124	0.193	0.227	0.091	0.293	0.101
山西	0.322	0.391	0.320	0.215	0.302	0.253	0.164	0.496	0.407	0.443
内蒙古	0.348	0.377	0.485	0.240	0.394	0.391	0.425	0.426	0.373	0.361
辽宁	0.467	0.345	0.437	0.407	0.416	0.487	0.307	0.281	0.261	0.369
吉林	0.168	0.227	0.246	0.147	0.199	0.210	0.113	0.221	0.180	0.232
黑龙江	0.597	0.768	1.002	0.699	1.400	0.891	0.922	0.629	0.698	0.389
上海	2.323	2.753	2.433	1.523	1.555	1.604	1.531	1.977	2.064	2.448
江苏	0.645	0.659	0.693	0.328	0.813	0.845	0.407	0.627	0.530	0.580
浙江	0.906	0.939	0.846	0.468	0.836	0.806	0.672	0.701	0.856	0.672
安徽	0.411	0.420	0.277	0.171	0.288	0.493	0.222	0.388	0.342	0.445
福建	0.997	0.910	0.959	0.736	0.874	0.776	0.828	1.224	0.960	1.319
江西	0.616	0.799	0.470	0.719	0.591	0.178	0.152	0.323	0.284	0.086
山东	0.329	0.464	0.505	0.293	0.243	0.192	0.133	0.254	0.335	0.238
河南	0.235	0.283	0.240	0.116	0.264	0.227	0.157	0.033	0.234	0.259
湖北	0.555	0.489	0.497	0.310	0.529	0.628	0.341	0.531	0.673	0.885
湖南	0.388	0.605	0.284	0.180	0.226	0.222	0.209	0.313	0.419	0.358
广东	1.533	1.963	2.002	1.205	1.786	2.171	1.667	2.898	3.004	2.747
广西	1.551	1.162	1.122	1.037	0.835	0.943	0.981	0.989	0.958	1.033
海南	1.449	1.506	5.469	2.944	5.467	1.570	24.738	8.763	2.068	2.654
重庆	0.864	1.406	1.479	0.743	1.502	1.163	0.880	0.467	0.558	1.186
四川	0.332	0.438	0.401	0.275	0.451	0.743	0.397	0.455	0.385	0.315
贵州	0.245	0.685	0.303	0.140	0.201	0.192	0.234	1.997	2.225	2.357
云南	1.480	1.538	1.477	1.098	1.430	1.720	5.352	1.485	1.175	1.007
西藏	1.042	2.315	1.724	2.223	4.155	1.929	2.086	3.686	5.205	4.267
陕西	0.452	0.627	0.571	0.617	0.959	0.878	0.650	0.843	1.460	1.303
甘肃	0.346	0.366	0.368	0.193	0.654	0.448	0.312	0.474	0.700	1.222
青海	0.391	0.457	1.403	0.236	1.038	0.356	0.320	0.447	0.491	0.614
宁夏	0.388	0.310	1.237	0.191	0.190	0.198	0.148	0.747	0.606	1.011
新疆	0.746	0.798	0.754	0.714	0.663	0.806	0.581	1.022	0.956	1.162

参考文献

一、英文参考文献

[1] Akamatsu K. A historical pattern of economic growth in developing countries [J]. Developing Economies, 1962, 1（Supplement s1）: 3-25.

[2] Alegre J, Sard M. When demand drops and prices rise. Tourist packages in the Balearic Islands during the economic crisis [J]. Tourism Management, 2015, 46: 375-385.

[3] Alesina A, Rodrik D. Distributive politics and economic growth [J]. The Quarterly Journal of Economics, 1994, 109（2）: 465-490.

[4] Al-Najjar B. Corporate governance and CEO pay: Evidence from UK Travel and Leisure listed firms [J]. Tourism Management, 2017, 60: 9-14.

[5] Andreu L, Aldás J, Bigné J E, et al. An analysis of e-business adoption and its impact on relational quality in travel agency—supplier relationships [J]. Tourism Management, 2010, 31（6）: 777-787.

[6] Arrow K J. The economic implications of learning by doing [J]. The Review of Economic Studies, 1962（29）: 155-173.

[7] Assaf A G, Barros C P, Machado L P. The future outlook for Portuguese travel agents [J]. Tourism Economics, 2011, 17（2）: 405-423.

[8] Bagwell K, Ramey G. Oligopoly limit pricing [J]. Discussion Papers, 1989, 22(22): 155-172.

[9] Becker G S, Murphy K M. The Division of labor, coordination costs, and knowledge [J]. Quarterly Journal of Economics, 1992, 107（4）: 1137-1160.

[10] Berné C, García-González M, García-Uceda M E, et al. The effect of ICT on relationship enhancement and performance in tourism channels [J]. Tourism

Management, 2015, 48: 188-198.

[11] Berry S T. Estimating discrete-choice models of product differentiation [J]. Rand Journal of Economics, 1994, 25 (2): 242-262.

[12] Berry S, Levinsohn J, Pakes A. Automobile prices in market equilibrium [J]. Econometrica, 1995, 63 (4): 841-890.

[13] Chand M, Katou A A. Strategic determinants for the selection of partner alliances in the Indian tour operator industry: A cross-national study [J]. Journal of World Business, 2012, 47 (2): 167-177.

[14] Chang M H. The effects of product differentiation on collusive pricing [J]. International Journal of Industrial Organization, 2004, 9 (3): 453-469.

[15] Chao C, Chen H, Yeh T. A comprehensive relationship marketing model between airlines and travel agencies: The case of Taiwan [J]. Journal of Air Transport Management, 2015, 47: 20-31.

[16] Chen L, Chen W. Push-pull factors in international birders' travel [J]. Tourism Management, 2015, 48: 416-425.

[17] Chen Y, Mak B, Li Z. Quality deterioration in package tours: The interplay of asymmetric information and reputation [J]. Tourism Management, 2013, 38: 43-54.

[18] Chiou W, Lin C, Perng C. A strategic website evaluation of online travel agencies [J]. Tourism Management, 2011, 32 (6): 1463-1473.

[19] Das T K, Teng B S. A resource-based theory of strategic alliances [J]. Journal of Management, 2000, 26 (1): 31-61.

[20] Das T K, Teng B S. Relational risk and its personal correlates in strategic alliances [J]. Journal of Business & Psychology, 2001, 15 (3): 449-465.

[21] Dinopoulos E, Thompson P. Schumpeterian growth without scale effects [J]. Journal of Economic Growth, 1998, 3 (4): 313-335.

[22] Domar E D. Capital expansion, rate of growth, and employment [J]. Econometrica, 1946, 14 (2): 137-147.

[23] Fuentes R. efficiency of travel agencies [J]. Tourism Management, 2011, 32 (1): 75-87.

[24] Grossman G M, Helpman E. Trade, knowledge spillovers, and growth [J]. European Economic Review, 1991, 35 (2-3): 517-526.

[25] Guo X, Zheng X, Ling L, et al. Online coopetition between hotels and online travel agencies: From the perspective of cash back after stay [J]. Tourism Management Perspectives, 2014, 12: 104-112.

[26] Gustafson P. Managing business travel: Developments and dilemmas in corporate travel management [J]. Tourism Management, 2012, 33 (2): 276-284.

[27] Hao J, Yu Y, Law R, et al. A genetic algorithm-based learning approach to understand customer satisfaction with OTA websites [J]. Tourism Management, 2015, 48: 231-241.

[28] Harrod R. An essay in dynamic theory [J]. Economic Journal, 1939, 49 (193): 14-33.

[29] Holma A, Bask A, Kauppi K. Ensuring corporate travel compliance—Control vs. commitment strategies [J]. Tourism Management, 2015, 51: 60-74.

[30] Huang L, Chen K, Wu Y. What kind of marketing distribution mix can maximize revenues: The wholesaler travel agencies' perspective? [J]. Tourism Management, 2009, 30 (5): 733-739.

[31] Huang Z, Li S X, Mahajan V. An Analysis of manufacturer-retailer supply chain coordination in cooperative advertising [J]. Decision Sciences, 2002, 33 (3): 469-494.

[32] Jin X C, Sparks B. Barriers to offering special interest tour products to the Chinese outbound group market [J]. Tourism Management, 2017, 59: 205-215.

[33] Kennelly M, Toohey K. Strategic alliances in sport tourism: National sport organisations and sport tour operators [J]. Sport Management Review, 2014, 17 (4): 407-418.

[34] Kim D J, Kim W G, Han J S. A perceptual mapping of online travel agencies and preference attributes [J]. Tourism Management, 2007, 28 (2): 591-603.

[35] Kohli U R. Relative Price effects and the demand for imports [J]. Canadian Journal of Economics/revue Canadienne D`economique, 2001, 15 (2): 205-219.

[36] Krugman P R. Increasing returns, monopolistic competition, and international trade

[J]. Journal of International Economics, 1979, 9（4）: 469-479.

［37］Kuzakhmetova S Y, Sitdikova L B, Shilovskaya A L. International tour operators' responsibility guarantees in developing legislation in the Russian Federation［J］. Tourism Management Perspectives, 2016, 20: 66-69.

［38］Laffont J J, Martimort D. Mechanism design with collusion and correlation［J］. Econometrica, 2000, 68（2）: 309-342.

［39］Li S X, Huang Z, Zhu J, et al. Cooperative advertising, game theory and manufacturer-retailer supply chains［J］. Omega, 2002, 30（5）: 347-357.

［40］Lin J, Monga C, Velde D W T, et al. DPR debate: Growth identification and facilitation: The role of the State in the dynamics of structural change［J］. Development Policy Review, 2011, 29（3）: 259-310.

［41］Ling L, Dong Y, Guo X, et al. Availability management of hotel rooms under cooperation with online travel agencies［J］. International Journal of Hospitality Management, 2015, 50: 145-152.

［42］Lucas R E. On the mechanics of economic development［J］. Journal of Monetary Economics, 1988, 22（1）: 3-42.

［43］Lyu S O. Which accessible travel products are people with disabilities willing to pay more? A choice experiment［J］. Tourism Management, 2017, 59: 404-412.

［44］Milgrom P, Roberts J. Limit pricing and entry under incomplete information: An equilibrium analysis［J］. Econometrica, 1982, 50（2）: 443-459.

［45］Namitha C, Shijin S. Managerial discretion and agency cost in Indian market［J］. Advances in Accounting Incorporating Advances in International Accounting, 2016, 35: 159-169.

［46］Nguyen D, Shi L. Competitive advertising strategies and market-size dynamics: A research note on theory and evidence［J］. Management Science, 2006, 52（6）: 965-973.

［47］Perotti R. Growth, income distribution, and democracy: What the data say［J］. Journal of Economic Growth, 1996, 1（2）: 149-187.

［48］Quintana T A, Gil S M, Peral P P. How could traditional travel agencies improve their competitiveness and survive? A qualitative study in Spain［J］. Tourism

Management Perspectives, 2016, 20: 98-108.

[49] Roger-Monzó V, Martí-Sánchez M, Guijarro-García M. Using online consumer loyalty to gain competitive advantage in travel agencies [J]. Journal of Business Research, 2015, 68 (7): 1638-1640.

[50] Romer P M. Increasing returns and long-run growth [J]. Journal of Political Economy, 1986, 94 (5): 1002-1037.

[51] Romero I, Tejada P. A multi-level approach to the study of production chains in the tourism sector [J]. Tourism Management, 2011: 32 (2): 297-306.

[52] Rubinstein A. Perfect equilibrium in a bargaining model. [J]. Econometrica, 1982, 50 (50): 97-109.

[53] Rusu B. The Impact of Innovations on the Business Model: Exploratory Analysis of a Small Travel Agency [J]. Procedia -Social and Behavioral Sciences, 2016, 221: 166-175.

[54] Schmalensee R. Industrial economics: An overview [J]. Economic Journal, 1988, 98 (392): 643-681.

[55] Schumpeter J A. Capitalism, socialism and democracy [M]. University of Notre Dame Press, 1985.

[56] Silva G A M, Gon Alves H M. Causal recipes for customer loyalty to travel agencies: Differences between online and offline customers [J]. Journal of Business Research, 2016, 69 (11): 5512-5518.

[57] Solow R M. A Contribution to the theory of economic growth [J]. Quarterly Journal of Economics, 1956, 70 (1): 65-94.

[58] Solow R M. Technical change and the aggregate production Function [J]. Review of Economics & Statistics, 1957, 39 (3): 554-562.

[59] Swan T W. Economic growth and capital accumulation [J]. Economic Record, 1956, 32 (2): 334-361.

[60] Tirole J. Collusion and the theory of organizations [J]. Idei Working Papers, 1991, 15 (15): 75-93.

[61] Topol Ek D, Mrnjavac E, Kova I N A. Integration of travel agencies with transport providers [J]. Tourism Management Perspectives, 2014, 9: 14-23.

[62] Baliga S. Monitoring and collusion with 'Soft' information [J]. Journal of Law Economics & Organization, 1999, 15 (2): 434-440.

[63] Yang X, Borland J. A microeconomic mechanism for economic growth [J]. Journal of Political Economy, 1991, 99 (3): 460-482.

[64] Yeh C C, Ku E C S, Ho C H. Collaborating pivotal suppliers: Complementarities, flexibility, and standard communication between airline companies and travel agencies [J]. Journal of Air Transport Management, 2016, 55: 92-101.

[65] Young A. Growth without scale effects [J]. Journal of Political Economy, 1998, 106 (1): 41-63.

二、中文参考文献

[1] 巴泽尔. 产权的经济分析 [M]. 费方域, 段毅才, 译. 上海: 上海人民出版社, 1997.

[2] 鲍莫尔. 资本主义的增长奇迹 [M]. 北京: 中信出版社, 2004.

[3] 蔡昉, 王德文, 曲玥. 中国产业升级的大国雁阵模型分析 [J]. 经济研究, 2009 (09): 4-14.

[4] 曾丽, 陈钢华. 以部门为分析单位的旅行社分类研究 [J]. 旅游学刊, 2013 (05): 109-115.

[5] 陈健生, 李文宇. 产业集聚、本地市场效应与区域发展——以成都经济区为例 [J]. 经济学家, 2012 (02): 38-44.

[6] 陈景新, 王云峰. 我国劳动密集型产业集聚与扩散的时空分析 [J]. 统计研究, 2014 (02): 34-42.

[7] 陈香酥, 吴春娅. 论我国旅游业"零团费"现象的法律治理 [J]. 中国商论, 2011 (14): 186-187.

[8] 陈夜晓. 基于SCP范式的武汉市旅行社业发展研究 [D]. 华中师范大学, 2013.

[9] 成英文. 中国旅游经济增长及其决定因素研究 [D]. 北京第二外国语学院, 2010.

[10] 代伟学. 旅行社服务质量评价与标准化提升对策研究 [D]. 福建师范大学, 2015.

[11] 丁志帆, 王朝明. "零负团费"治理困境的破解之道——基于巴泽尔产权理论的分析 [J]. 郑州大学学报（哲学社会科学版）, 2013 (02): 69-74.

[12] 董红霞.旅行社产业集中度与市场绩效相关性分析[D].山东农业大学,2010.

[13] 杜江.中国旅行社业发展的回顾与前瞻[J].旅游学刊,2003(06):31-39.

[14] 范剑勇.产业集聚与地区间劳动生产率差异[J].经济研究,2006(11):72-81.

[15] 方东成.旅行社企业核心竞争力研究[D].西北大学,2003.

[16] 冯梅.比较优势动态演化视角下的产业升级研究:内涵、动力和路径[J].经济问题探索,2014(05):50-56.

[17] 高鸿业.西方经济学[M].北京:中国人民大学出版社,2015.

[18] 苟雪芽.零团费与我国旅游业中回扣现象的互动关系分析[J].昆明大学学报,2006(02):79-82.

[19] 亚当·斯密.国民财富的性质和原因的研究.上卷[M].郭大力,王亚南,译.北京:商务印书馆,2014.

[20] 郭丹.旅行社自驾游产品及其游客感知质量评价研究[D].厦门大学,2008.

[21] 郭鲁芳,张素.旅行社行业发展动向及对策——以浙江为例[J].商业经济与管理,2007(12):64-68.

[22] 郭悦,钟廷勇,安烨.产业集聚对旅游业全要素生产率的影响——基于中国旅游业省级面板数据的实证研究[J].旅游学刊,2015(05):14-22.

[23] 郭振江.中国旅游产业政策演化及效用评估研究(1978-2014)[D].河南大学,2015.

[24] 何仲新.论零团费的法律规制和治理[D].广西大学,2013.

[25] 胡志毅.基于DEA-Malmquist模型的中国旅行社业发展效率特征分析[J].旅游学刊,2015(05):23-30.

[26] 黄桂田.劳动密集型制造业:划分方法和产业规模度量——基于1993—2007年行业数据的模糊聚类方法:全国高校社会主义经济理论与实践研讨会第23次会议,中国吉林长春,2009[C].

[27] 黄吕波.关于旅行社低价格竞争之原因的综述[J].桂林旅游高等专科学校学报,2006(04):480-484.

[28] 黄少安.《新结构经济学》侧评[J].经济学(季刊),2013(03):1085-1086.

[29] 黄晓弘.香港导游骂人事件透视:零团费剖析[J].惠州学院学报(社会科学版),

2010（05）：65-68.

[30] 黄秀娟.中国旅游产业经济增长的因素贡献分析[J].技术经济,2009（07）：67-72.

[31] 黄英娜,张巍,王学军.环境CGE模型中生产函数的计量经济估算与选择[J].环境科学学报,2003（03）：350-354.

[32] 贾跃千.零团费现象及其治理研究[D].山东师范大学,2005.

[33] 贾跃千.零团费演化机制分析[J].旅游科学,2006（01）：56-62.

[34] 贾跃千,何佳梅,崔凤军.零团费与我国出境游发展阶段的互动关系分析[J].旅游学刊,2006（01）：69-73.

[35] 凯拉.中泰旅游业发展现状及趋势研究[D].哈尔滨师范大学,2016.

[36] 科斯.企业、市场与法律[M].盛洪,陈郁,译.格致出版社,2014.

[37] 赖俊平,张涛,罗长远.动态干中学、产业升级与产业结构演进——韩国经验及对中国的启示[J].产业经济研究,2011（03）：1-9.

[38] 李世霞.我国旅行社规模及空间格局研究[D].首都师范大学,2013.

[39] 李姝姝,邢夫敏,章玲玲.旅游产业集聚对区域旅游业效率的影响研究——基于中国省际面板数据的实证分析[J].世界地理研究,2017（03）：134-146.

[40] 廖志敏."负地接"的成因与后果——兼评《旅行社条例》[J].北京大学学报（哲学社会科学版）,2012（01）：143-150.

[41] 林毅夫.《新结构经济学》评论回应[J].经济学（季刊）,2013（03）：1095-1108.

[42] 林毅夫.新结构经济学:反思经济发展与政策的理论框架[M].苏剑,译.北京:北京大学出版社,2014.

[43] 刘戒骄.关于国有企业存在依据的新思考[J].经济管理,2016（10）：1-13.

[44] 刘静.延边旅行社服务质量与游客满意度实证研究[D].延边大学,2012.

[45] 刘品希.我国旅行社服务质量规制研究[D].辽宁大学,2013.

[46] 刘兴凯,张诚.中国服务业全要素生产率增长及其收敛分析[J].数量经济技术经济研究,2010（03）：55-67.

[47] 卢丽宁.旅游者对旅行社服务质量满意度研究[D].广西大学,2005.

[48] 鹿山.旅游企业扩张研究[D].西北大学,2002.

[49] 路文静,何佳梅.旅行社服务质量的模糊综合评判[J].北京第二外国语学院学

报，2006（01）：92-94.

[50] 罗浩，颜钰荛，杨旸. 中国各省的旅游增长方式"因地制宜"吗？——中国省际旅游增长要素贡献与旅游资源比较优势研究［J］. 旅游学刊，2016（03）：43-53.

[51] 罗水波. 社会控制视角下的"零团费"治理［J］. 湘潮（下半月），2011（02）：67-68.

[52] 马妍竹. 基于竞争力的四家旅行社上市公司商业模式研究［D］. 北京工业大学，2015.

[53] 孟祥生. 旅行社服务标准化建设研究［D］. 华东师范大学，2011.

[54] 潘喆. 旅行社品牌形象对购买意愿的影响研究［D］. 湖南师范大学，2015.

[55] 庞世明. 旅行社"零负团费"模式的经济解释［J］. 商业研究，2013（10）：184-190.

[56] 庞世明，王静. "互联网＋"旅行社：商业模式及演变趋势［J］. 旅游学刊，2016（06）：10-12.

[57] 齐立云. 海南旅游零团费现象分析［J］. 贵州工业大学学报（社会科学版），2005（06）：40-43.

[58] 曲玥. 制造业产业结构变迁的路径分析——基于劳动力成本优势和全要素生产率的测算［J］. 世界经济文汇，2010（06）：66-78.

[59] 曲玥，蔡昉，张晓波. "飞雁模式"发生了吗？——对1998—2008年中国制造业的分析［J］. 经济学（季刊），2013（03）：757-776.

[60] 萨缪尔森，诺德豪斯. 经济学(第十七版)［M］. 萧琛，译. 北京：人民邮电出版社，2004.

[61] 施蒂格勒. 产业组织［M］. 王永钦，薛锋，译. 上海：上海人民出版社，2006.

[62] 宋瑞. 我国旅游业全要素生产率研究——基于分行业数据的实证分析［J］. 中国社会科学院研究生院学报，2017（06）：72-80.

[63] 宋振春，马永刚. 对旅行社产权改革和规模化经营的思考——与张辉、魏翔先生商榷［J］. 旅游学刊，2005（02）：29-32.

[64] 苏杭，郑磊，牟逸飞. 要素禀赋与中国制造业产业升级——基于WIOD和中国工业企业数据库的分析［J］. 管理世界，2017（04）：70-79.

[65] 孙景荣，张捷，章锦河，等. 中国区域旅行社业效率的空间分异研究［J］. 地理

科学，2014（04）：430-437.

[66] 孙琳.对导游收取回扣现象的思考［J］.中国集体经济（下半月），2007（10）：136-137.

[67] 孙睦优.大中小型旅行社分工体系的调查［J］.经济管理，2006（05）：82-85.

[68] 孙浦阳，韩帅，许启钦.产业集聚对劳动生产率的动态影响［J］.世界经济，2013（03）：33-53.

[69] 泰勒尔.产业组织理论［M］.北京：中国人民大学出版社，2003.

[70] 唐根年，许紫岳，张杰.产业转移、空间效率改进与中国异质性大国区间"雁阵模式"［J］.经济学家，2015（07）：97-104.

[71] 童碧莎.我国旅游市场秩序的演变、评价及对策研究［D］.北京交通大学，2016.

[72] 王飞.湖北省旅行社空间分布及优化对策研究［D］.华中师范大学，2015.

[73] 王凯，易静.区域旅游产业集聚与绩效的关系研究——基于中国31个省区的实证［J］.地理科学进展，2013（03）：465-474.

[74] 王琪延，黄羽翼.提升北京旅游竞争力问题研究［J］.北京第二外国语学院学报，2014（11）：1-8.

[75] 王永培，晏维龙.产业集聚的避税效应——来自中国制造业企业的经验证据［J］.中国工业经济，2014（12）：57-69.

[76] 威廉姆森.反垄断经济学：兼并、协约和策略行为［M］.张群群，黄涛，译.北京：商务印书馆，2014.

[77] 威廉姆森.市场与层级制［M］.蔡晓月，孟俭，译.上海：上海财经大学出版社，2011.

[78] 韦森.探寻人类社会经济增长的内在机理与未来道路——评林毅夫教授的新结构经济学理论框架［J］.经济学（季刊），2013（03）：1051-1074.

[79] 魏婧.旅行社顾客满意度研究［D］.合肥工业大学，2006.

[80] 魏小安.旅游发展的经济增长点战略［J］.旅游学刊，1997（05）：8-12.

[81] 吴德勋，张雪梅.FDI对中国工业部门技术溢出的实证研究——基于劳动密集型和资本技术密集型产业［J］.资源与产业，2016（03）：121-127.

[82] 吴敬波.导游业现状与改善策略［J］.科技信息，2013（10）：204.

[83] 吴三忙，和文征.转型时期制约我国旅行社业市场绩效的原因探析——基于竞争

有效性与所有权有效性双重视角［J］.旅游科学，2009（02）：50-54.

［84］吴玉鸣.旅游经济增长及其溢出效应的空间面板计量经济分析［J］.旅游学刊，2014（02）：16-24.

［85］武瑞杰.旅行社技术效率和全要素生产率变化研究——基于2001—2010年省际面板数据［J］.云南民族大学学报（哲学社会科学版），2013（04）：93-99.

［86］夏丽丽，苏勤，俞传俊，等.国内外零团费研究综述［J］.旅游研究，2014（01）：26-33.

［87］徐晓娜，翁钢民.旅行社品牌定位循环优化模型的构建及分析［J］.北京第二外国语学院学报，2006（03）：55-57.

［88］许丽君.旅行社服务质量评价与集成化发展研究［D］.南京航空航天大学，2008.

［89］阎友兵，洪梅，王忠.我国旅行社产业集中度演化及对策［J］.旅游学刊，2008（08）：74-79.

［90］阳宁东，周幼平.博弈论在规范旅行社市场中的应用——以"零团费"问题为例［J］.西南民族大学学报（人文社科版），2005（02）：289-293.

［91］杨丹辉.中国旅行社业市场结构与产业绩效的实证分析［J］.首都经济贸易大学学报，2004（04）：23-28.

［92］杨军.影响旅行社绩效的深层次原因透析——兼与张辉先生和宋振春先生等商榷［J］.旅游学刊，2006（01）：74-76.

［93］杨向阳，徐翔.中国服务业全要素生产率增长的实证分析［J］.经济学家，2006（03）：68-76.

［94］杨勇.集聚密度、多样性和旅游企业劳动生产率——兼对产业聚集理论观点的拓展研究［J］.财贸经济，2015（02）：148-161.

［95］姚延波.我国旅行社分类制度及其效率研究［J］.旅游学刊，2000（02）：31-37.

［96］姚延波，左坚.对我国旅行社行业管理问题的思考［J］.南开管理评论，2001（03）：61-66.

［97］尹兰.互联网背景下的旅行社业务流程再造研究［D］.暨南大学，2009.

［98］于宏伟.中国旅行社经营模式优化研究［D］.西北师范大学，2013.

［99］翟向坤.北京旅行社业顾客满意度分析［J］.北京第二外国语学院学报，2006

（07）：45-49.

[100] 翟向坤，黄绍梅，李连宇．中国旅行社业市场绩效及其影响因素分析［J］．企业经济，2012（03）：137-140.

[101] 张安民，李永文，梁留科．基于SCP模型的我国旅行社业的经营测度［J］．旅游学刊，2007（10）：44-49.

[102] 张海霞，张旭亮．旅游业的要素禀赋、产业集聚与本地市场效应：中国的经验证据［J］．商业经济与管理，2012（06）：90-96.

[103] 张辉，魏翔．对中国旅行社业的经济分析与再定位［J］．旅游学刊，2004（05）：71-76.

[104] 张辉．从旅游现象看中国旅游制度创新（上）［N］．中国旅游报．

[105] 张慧．旅行社网站营销竞争力评价研究［D］．辽宁师范大学，2012.

[106] 张军．"比较优势说"的拓展与局限——读林毅夫新著《新结构经济学》［J］．经济学（季刊），2013（03）：1087-1094.

[107] 张军．需求、规模效应与中国国有工业的亏损：一个产业组织的方法［J］．经济研究，1998（06）：13-21.

[108] 张军，陈诗一，Gary H. Jefferson．结构改革与中国工业增长［J］．经济研究，2009（07）：4-20.

[109] 张凌云．旅行社产权改革、规模化经营和市场制度——兼与《旅游学刊》中两篇论文的作者商榷［J］．旅游学刊，2005（06）：54-57.

[110] 张凌云．我国旅行社行业发展的几个理论问题——对我国旅行社行业制度变迁的考察［J］．桂林旅游高等专科学校学报，2001（03）：20-28.

[111] 张凌云．我国旅行社行业市场垂直分工的规制性障碍（上）［N］．中国旅游报，2005-05-09.

[112] 张其仔．中国能否成功地实现雁阵式产业升级［J］．中国工业经济，2014（06）：18-30.

[113] 张曙光．市场主导与政府诱导——评林毅夫的《新结构经济学》［J］．经济学（季刊），2013（03）：1079-1084.

[114] 张天华，张少华．中国工业企业全要素生产率的稳健估计［J］．世界经济，2016（04）：44-69.

[115] 赵波．中国旅游产业组织发展研究［D］．青岛大学，2002.

[116] 赵海涛,高力.中国旅行社业经营效率的动态变化——基于Malmquist指数法的分析[J].企业经济,2013(02):114-117.

[117] 赵红.我国旅游产业过度竞争状况实证分析[J].山东财政学院学报,2003(04):73-76.

[118] 赵磊.旅游产业集聚会影响地区收入差距吗?——基于中国省际面板数据的门槛回归分析[J].旅游科学,2013(05):22-41.

[119] 赵立禄,段文军.我国旅行社业全要素生产率的测算与分析[J].干旱区资源与环境,2012(08):180-183.

[120] 钟海生.论旅游业的企业组织结构和市场开放[J].旅游学刊,2000(06):11-18.

[121] 朱冠梅.旅行社网络营销的交互性研究[D].山东大学,2008.

[122] 朱凌玲.对于香港游的零团费问题的探析[J].中小企业管理与科技(下旬刊),2014(05):139-140.

[123] 朱易兰.旅行社跨国经营模式研究[D].北京第二外国语学院,2006.

[124] 左冰.中国旅游经济增长因素及其贡献度分析[J].商业经济与管理,2011(10):82-90.

[125] 左冰,保继刚.1992—2005年中国旅游业全要素生产率及省际差异[J].地理学报,2008(04):417-427.